KB052912

디지털 트랜스포메이션과
동영상 OTT 산업

전략과 정책 방향 모색

이 도서의 국립중앙도서관 출판예정도서목록(CIP)은 서지정보유통지원시스템 홈페이지(http://seoji.nl.go.kr)
와 국가자료종합목록 구축시스템(http://kolis-net.nl.go.kr)에서 이용하실 수 있습니다.
CIP제어번호: CIP2020018249

방송문화진흥총서 204

디지털 트랜스포메이션과
동영상 OTT 산업

전략과 정책 방향 모색

이상원 지음

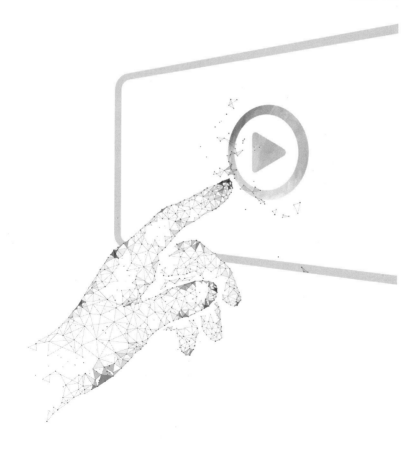

한울
아카데미

차 례

제1장 디지털 트랜스포메이션 현상과 동영상 OTT 서비스

제2장 동영상 OTT 서비스 시장의 성장과 변화

감사의 말

　최근 6년 동안 동영상 OTT 산업을 연구하면서 처음 2년 동안은 동영상 OTT 산업 분야가 향후 미디어 산업에서 가장 핵심에 위치할 것이라는 확신이 있었지만 '모두가 느낄 만큼 동영상 OTT의 전성시대가 도래하는 것은 과연 언제쯤일까?'라고 궁금해 하던 기억이 있다. 이 책을 집필하던 2019년은 많은 나라에서 동영상 OTT 시장이 그야말로 '소용돌이의 장'이라고 표현할 수 있을 정도로 변화와 경쟁이 심화되던 시기였다. 방송문화진흥회의 지원으로 저서를 집필하기 위해 2019년 2월에 제안서를 낼 당시에도 한 해 동안 이렇게 빨리 시장이 변화하리라고는 상상하기 어려웠다. 특히 글로벌 가입형 동영상 OTT인 넷플릭스의 빠른 성장, 이에 대응하기 위한 국내 가입형 동영상 OTT 웨이브의 출시, 국내 사업자 간 전략적 제휴, 새로운 글로벌 OTT 서비스인 디즈니 플러스 및 애플 TV 플러스 등의 시장 진입과 한국 진출 선언 등 급격한 변화는 이제 '동영상 OTT 경제 시대'로의 변화를 실감하게 했다.

　이 책에서는 가능하면 동영상 OTT 시장의 이러한 빠른 변화를 담아보고자 시도했다. 부족한 점도 많은 저서이고 집필하는 동안 몇 가지 어려운 점도 있었지만 많은 분들의 도움이 없었다면 이 책은 완성되지 못했을 것이다.

먼저 저서의 연구와 집필을 지원해 준 방송문화진흥회에 진심으로 감사의 말을 전하고 싶다. 특히 방송문화진흥회의 최재영 국장님은 저자가 미국에서 연구년 기간 중 이 저서를 집필하는 과정에서 많은 도움을 주고 사려 깊게 지켜봐 주었다.

이 책의 제목, 내용 및 편집 등 모든 어려운 과정을 맡아준 한울엠플러스에도 감사의 말을 전한다. 특히 한울엠플러스의 신순남 팀장님은 바쁜 편집 일정에도 불구하고 원고를 꼼꼼하게 교정하고 책 표지부터 그림, 표 등 모든 부분을 편집해 주었다.

저자의 저술 활동은 주로 연구년 기간 동안 미국에서 이루어졌다. 따라서 저자의 연구년을 지원해 준 풀브라이트Fulbright 프로그램, 텍사스 대학교 오스틴캠퍼스University of Texas at Austin에서 저자를 초빙학자로 초대해 준 샤론 스트로버Sharon Strover 교수님의 도움도 잊을 수 없다.

2019년 연구년을 가지기 전에는 대부분의 동영상 OTT 관련 연구가 경희대학교 연구실에서 이루어졌다. 저자의 연구년을 위해 추천서를 작성해 준 한균태 총장님 외 경희대학교 미디어학과의 모든 교수님께 깊이 감사드리지 않을 수 없다.

특히 연구년 기간 중 가족들의 도움이 없었다면 이 책을 완성할 수 없었을 것이다. 아내와 아들 진현은 힘든 시간을 보내는 동안 큰 사랑과 응원을 아끼지 않았다.

부모님과 장인, 장모님은 항상 사랑과 격려가 담긴 응원을 아낌

없이 보내주었다. 무엇보다도 그동안 부모님과 가족의 희생과 사랑이 없었다면 오늘날의 저자는 없었을 것이다.

이 책의 연구결과가 동영상 OTT 경제 시대로 진입하고 있는 국내 미디어 산업의 혁신성장을 위한 하나의 작은 밑거름이 될 수 있기를 희망한다.

동영상 OTT 경제 시대

최근 글로벌 미디어 시장에서는 디지털 트랜스포메이션의 가속화와 더불어 넷플릭스와 유튜브 같은 동영상 OTT 서비스가 가파르게 성장하고 있다. PwC(2019)에 따르면 넷플릭스와 같은 가입형 VOD, 주문형 VOD, PC 기반 인터넷 동영상 광고 및 모바일 기반 동영상 광고시장의 매출액을 모두 포함한 글로벌 동영상 OTT 서비스의 시장 규모는 2019년 약 943억 달러로 추정되고 있으며 2023년에는 약 1584억 달러로 빠르게 성장할 것으로 예상된다.

국내 동영상 OTT 시장도 글로벌 동영상 OTT 시장과 유사한 흐름으로 빠르게 성장 중이다. 동영상 OTT 서비스의 국내 이용률은 2018년에 이미 42%를 넘어섰고, 유튜브는 한국인이 가장 많은 시간 이용하는 애플리케이션이 되었다. 이에 따라 동영상 OTT 서비스의 시장 규모도 점차 증가하고 있다. 유튜버는 2019년 국내 초등학생들의 희망 직업 3위에 올랐고(교육부, 2019), 20대를 중심으로 VOD 중심의 다시보기 및 몰아보기도 점차 증가하고 있다.

아울러 국내 동영상 OTT 시장에서는 대형 글로벌 동영상 OTT 서비스의 영향력이 점차 증대될 것으로 예상되고 있다. 광고형 동영상 OTT 시장에서 이용률 1위를 차지하고 있는 유튜브 외에도, 글로벌 가입형 동영상 OTT 서비스의 대표주자인 넷플릭스는 2016년 1월 국내 시장에 진출한 이후 가입자 수가 지속적으로 증가하고 있으며, 2020년에는 디즈니 플러스와 애플 TV 플러스도 국내 시장 진출을 예고하고 있다. 이와 같이 동영상 OTT 서비스가 차세대 미디어 서비스로 부상함에 따라 국내 미디어 산업은 이제 동영상 OTT에 의해 성장과 진화가 촉진되는 '동영상 OTT 경제 시대'로 진입하고 있다.

이 책은 차세대 미디어 산업 성장의 핵심으로 인식되고 있는 동영상 OTT 산업을 체계적으로 이해하고 분석하는 것을 목적으로 한다. 동영상 OTT 서비스에 대한 기존 연구는 주로 미시적 분석이 주를 이룸으로 인해 경영전략적·거시적 분석과 정책적 해법에 대한 논의가 부족했다. 이 책은 그러한 점을 보완하기 위해 다양한 동영상 OTT 서비스의 유형을 분석하고, 동영상 OTT 서비스가 방송시장에 미치는 영향을 고찰하며, 미디어 경영경제학적 접근방법을 통해 글로벌 동영상 OTT 사업자의 전략과 이에 대응하는 국내 미디어 사업자의 전략적 해법을 논의한다. 또한 그동안 동영상 OTT 서비스를 둘러싸고 벌어진 규제 논쟁을 체계적으로 논의하고, 장기적인 관점에서 도입할 수 있는 관련 규제정책 대안을 모색한다. 아울러 동영상 OTT 서비스를 활성화하기 위한 진흥정책적 과제와 정책 대안도 제시한다.

이 책은 네 개의 장 및 에필로그로 구성된다. 1장에서는 혁신적인 동영상 OTT 서비스가 현재 미디어 산업 영역에서 가속화되고 있는 디지털 트랜스포메이션 현상과 어떻게 관련되는지를 고찰한다. 2장에서는 동영상 OTT 산업의 환경적 동인과 산업 현황을 분석하고, 동영상 OTT 서비스가 기존 방송시장에 미치는 영향을 고찰한다.

3장에서는 기존의 경쟁전략 이론을 이용해 글로벌 동영상 OTT 사업자 및 국내 동영상 OTT 사업자의 전략을 설명하고 동영상 OTT 기업들의 전략적 사례를 분석하는 한편, 글로벌 동영상 OTT 사업자의 전략 및 이에 대응하는 국내 미디어 사업자의 전략을 체계적으로 분석한다. 이와 함께 단기적인 관점에서 국내 동영상 OTT 시장의 변화를 가늠해 보고 시장 전망을 제시한다. 4장에서는 동영상 OTT 산업에 대한 규제 논쟁과 해외 규제 현황을 살펴보고 동영상 OTT 서비스에 대한 몇 가지 규제모델을 비교함으로써 국내 동영상 OTT 산업의 발전을 위한 바람직한 정책 방향을 논의한다. 에필로그에서는 1장부터 4장까지의 논의를 요약하면서, 국내 동영상 OTT 산업의 미래를 위한 전략적·정책적 제언을 제시한다.

제1장

디지털 트랜스포메이션 현상과 동영상 OTT 서비스

디지털 트랜스포메이션 현상과 동영상 OTT 서비스

OTT Over-the-Top와 관련된 논문, 신문기사 및 보고서 등 각종 자료를 접하다 보면 '차세대 미디어next generation media'나 '넷플릭스Netflix' 같은 단어가 흔히 등장한다. 동영상 OTT 서비스가 시장에서 하루가 다르게 성장하고 있고 다양한 OTT 서비스가 기존의 방송이나 통신 서비스를 어느 정도 대체해 가고 있는 현실을 고려하면 동영상 OTT 서비스가 차세대 미디어 서비스의 핵심 중 하나라는 데 이의를 제기할 전문가는 많지 않을 것이다. 또한 현재 글로벌 유료 동영상 OTT 서비스의 대표주자가 넷플릭스이므로 넷플릭스가 동영상 OTT 서비스에 관한 논의에서 화두가 되는 것은 당연하다.

여러 자료와 미디어에 자주 등장하는 OTT와 관련된 단어들과 함께 간과해서는 안 되는 사실은 동영상 OTT 서비스가 '디지털 트랜스포메이션Digital Transformation: DT' 현상[1]이라는 특징을 지닌 대표적인

---

[1] 클라우스 슈바프(Klaus Schwab)에 의해 제시된 용어인 '4차 산업혁명'도 유사한 현상을 설명하는 용어라고 볼 수 있다. 세계경제포럼(World Economic Forum: WEF)에서는 2015년 이후 디지털 기술이 산업과 사회에 미치는 영향을 분석하는 디지털 트랜스포메이션 이니셔티브(Digital Transformation Initiative: DTI) 프로젝트를 추진해 왔으며, 슈바프가 제시한 4차 산업혁명에 대한 개념 및 논의에 대한 담론(Schwab, 2016)은 디지털 기술이 가져올 기회와 위협에 대한 분석이 DTI 프로젝트를 통해 구체화되면서 나타난

미디어 콘텐츠 서비스라는 점이다.

디지털 트랜스포메이션 현상에 관한 선행연구들을 살펴보면 대략 다음과 같은 세 가지 차원에서 디지털 트랜스포메이션 현상을 정의하고 있다(〈표 1-1〉 참조). 첫째, 개인적 기술 이용 차원(미시적 접근)에서의 디지털 트랜스포메이션이다. 개인적 기술 이용 차원에서의 디지털 트랜스포메이션은 소셜 미디어, 모바일 및 애널리틱스 등 새로운 ICT 기술을 개인적 차원에서 이용하는 것이다. 예를 들어 앨런 마틴Allan Martin은 디지털 트랜스포메이션을 디지털 리터러시의 최종 단계로 이해하면서 혁신과 창의성을 가능하게 하는 발전된 단계의 디지털 기술 사용으로 보았다. 이러한 개인적 기술 이용 차원에서의 디지털 트랜스포메이션은 전문직 또는 지식 분야에서 상당한 변화를 촉진하는 디지털 리터러시의 최종 단계로도 볼 수 있다(Martin, 2008).

둘째, 기업적 또는 조직적 차원(조직적 접근)에서의 디지털 트랜스포메이션이다. 이러한 기업적 또는 조직적 차원에서의 디지털 트랜스포메이션은 "기업이 새로운 비즈니스 모델, 제품 및 서비스를 창출하기 위해 디지털 역량을 활용함으로써 고객과 시장의 파괴적인 변화에 적응하거나 이를 추진하는 지속적인 프로세스"(IDC, 2015: 1), 또는 "기업이 디지털과 물리적인 요소들을 통합해 비즈니

것으로 이해할 수 있다(이상원, 2017). 그러나 4차 산업혁명이라는 용어는 그동안 중립성, 편향성 및 불명확성의 문제가 제기된 바 있다(김상배, 2017; 이광석, 2017). 따라서 이 책에서는 그동안 주로 경영학 및 기타 IT 분야 등에서 이미 학술적으로 다루어져 온 개념인 '디지털 트랜스포메이션'이라는 용어를 사용하는 것이 동영상 OTT 산업을 다루는 이 책의 목적에 더 적합하다고 판단했다.

표 1-1 **디지털 트랜스포메이션 현상의 세 가지 차원**

분석 차원	디지털 트랜스포메이션에 관한 정의	관련 문헌
개인적 기술 이용 차원 (미시적 접근)	· 소셜 미디어, 모바일 및 애널리틱스 등 새로운 ICT 기술을 이용하는 것과 관련됨 · 디지털 리터러시의 최종 단계에서 혁신과 창의성을 가능하게 하는 디지털 기술을 이용하는 단계 · 새로운 디지털 기술 이용으로 전문직 또는 지식분야에서의 변화를 촉진	· Martin(2008)
기업적 또는 조직적 차원 (조직적 접근)	· 기업이 새로운 비즈니스 모델, 제품 및 서비스를 창출하기 위해 디지털 역량을 활용함으로써 고객 및 시장의 파괴적인 변화에 적응하거나 이를 추진하는 지속적인 프로세스 · 기업의 성과를 급격하게 향상시키기 위해 디지털 기술을 이용 · 디지털 기술을 이용함으로써 경영 개선	· IDC(2015) · Westerman et al.(2011) · Fitzgerald et al.(2013)
사회적 차원 (거시적 접근)	· 디지털화의 결과로 개인, 기업, 사회 및 국가에 의한 기술 적응의 글로벌화된 촉진 과정 · 디지털화로 인한 총체적·전면적인 사회적 영향(디지털 기술이 정치, 사회 및 기업 등에 미치는 영향을 포함)	· Collin(2015) · Khan(2016)

자료: 이상원(2017) 및 Reis et al.(2018)의 선행연구를 바탕으로 수정 및 추가.

스 모델을 변화시키고 산업에 새로운 방향을 정립하는 전략"(IBM, 2011: 1)으로 이해될 수 있다. 이와 같이 기업적 또는 조직적 차원에서의 디지털 트랜스포메이션은 조지 웨스터맨George Westerman이 강조한 것처럼 주로 기업 및 조직의 성과를 급격하게 향상시키기 위해 AI, 빅데이터, IoT 등의 디지털 기술을 활용하는 것으로 정의될 수 있으며, 따라서 생산성·효율성 향상처럼 기업 및 조직이 추구하는 가치와도 연결되어 있다(Westerman et al., 2011). 이와 함께 기업적 또는 조직적 차원에서의 디지털 트랜스포메이션은 조직 과정의 변화 또는 새로운 비즈니스 모델의 창출과도 직결된다(Reis et al., 2018).[2] 조금 더 융통성 있게 해석하면 디지털 트랜스포메이션은 단순히 디지털 기술혁신만을 의미하기보다는 제품 구매자나 이용자에게 새로운 가치를 창출하는 혁신까지 포함하는 포괄적인 의미를 담고 있다고 볼 수 있다.

디지털 트랜스포메이션 현상의 셋째 차원은 사회적 차원(거시적 접근)에서의 디지털 트랜스포메이션이다. 사회적 차원에서의 디지털 트랜스포메이션은 인간 삶의 모든 측면에서 디지털 기술이 영향을 미치는 현상을 의미한다(Reis et al., 2018). 예를 들어, 새로운 디지털 기술인 AI, 빅데이터 및 IoT 기술들이 '고객(소비자) 경험 향상 Customer Experience Enhancement: CEE' 등에 기여함으로써 인간의 삶에 전반적인 영향을 미치는 것을 의미한다. 이러한 디지털 기술의 '사회적 영향'을 강조하는 사회적 차원에서의 디지털 트랜스포메이션은 디지털화로 인한 총체적·전면적인 사회적 영향the total and overall societal effect of digitalization을 중요시하면서, 디지털 트랜스포메이션이 디지털화의 결과로서 개인, 기업, 사회 및 국가에 의한 기술 적응의 글로벌화된 촉진 과정임을 강조한다(Collin, 2015; Khan, 2016).

이와 같이 디지털 트랜스포메이션 현상은 디지털 기술 이용이 개인, 조직 및 사회에 미친 총체적인 영향으로 이해할 수 있다. 이는 미시적 수준에서는 주로 개인이 혁신적 디지털 기술을 사용함으로써 일어난 변화를 의미하며, 조직적 측면에서는 성과 향상과 경쟁력 확보를 위해 디지털 역량을 활용하는 조직(또는 기업)전략으로서 조직

---

2   디지털 트랜스포메이션에 관한 선행연구를 최근에 가장 잘 정리해 둔 문헌 중 하나가 레이스 등(Reis et al., 2018)의 문헌이다. 레이스 등은 디지털 트랜스포메이션과 관련된 학술저널 논문을 206개 이상 고찰한 문헌 분석연구로서 DS 현상을 포괄적으로 고찰하려는 연구자들에게 도움을 줄 것이다.

과정의 변화 또는 새로운 비즈니스 모델의 창출을 수반한다. 사회적 측면에서는 디지털화가 인간 삶의 모든 측면에 미치는 긍정적 또는 부정적 영향을 포함한 개념으로 이해할 수 있다(이상원, 2017; Reis et al., 2018).

동영상 OTT 서비스는 이러한 디지털 트랜스포메이션 현상이 가장 잘 투영된 대표적인 미디어 서비스 중 하나이다. 전술한 디지털 트랜스포메이션 현상을 개인적, 기업적 및 사회적 차원에서 접근하면 쉽게 이해될 수 있다.

먼저 개인적 차원에서 디지털 트랜스포메이션 현상에 접근하면, 동영상 OTT 이용은 OTT 이용자 개인의 혁신과 창의성을 가능하게 해준다. 예를 들어, 교육부(2019)가 2019년 12월 10일 발표한 '초·중등 진로교육 현황조사'에 따르면 '유튜버YouTuber'(인터넷방송진행자)가 초등학생 희망 직업 3위에 올랐다. 몇 년 전까지만 해도 운동선수, 교사, 의사 등이 희망 직업 상위권이었지만 2018년부터 유튜버가 새롭게 희망 직업 상위권에 진입했다(김금란, 2019). 학생들은 유튜버를 희망 직업으로 선택한 이유에 대해 '내가 좋아하는 일이라서'(56.3%), '잘해낼 수 있을 것 같아서'(16.6%), '아이디어를 내고 창의적으로 일할 것 같아서'(6.4%), '돈을 많이 벌 수 있을 것 같아서'(4.4%)라고 응답했다(교육부, 2018). 초등학생들이 유튜버를 희망 직업으로 선택한 이유를 살펴보면 최근에는 초등학생에게도 유튜브와 같은 동영상 OTT 서비스가 사용자 개인에게 혁신과 창의성을 가능하게 해주는 새로운 장으로 인식되고 있는 것으로 보인다.[3] 2018년 기준 대한민국의 10대가 가장 많이 사용한 애플리케이션인 유튜브앱의 사용시간은 2위 앱인 카카오톡의 3배로 알려져 있으며 (박현철, 2018), 유튜브 세대라고 불리는 현재의 10대와 10세 미만의 세대는 필요한 거의 모든 정보와 지식을 동영상 OTT인 유튜브에서 찾을 만큼 개인의 동영상 OTT 이용은 그 폭과 깊이를 더해가고 있다. 이와 같이 동영상 OTT 서비스는 개인적으로 기술을 이용하는 차원에서 디지털 트랜스포메이션 현상의 특징을 지니고 있다.

조직적(또는 기업적) 차원의 관점에서 디지털 트랜스포메이션 현상에 접근하면, 기존의 콘텐츠 기업, 유료방송 플랫폼인 케이블이나 IPTV 사업자 또는 지상파방송사업자들이 동영상 OTT 사업에 전략적 관점에서 진출하는 것을 그 사례로 들 수 있다. 예를 들어, 미국의 대표적 콘텐츠 기업인 디즈니Disney는 2019년 5월 14일 미국 국내 유료 동영상 OTT 서비스 3위 사업자인 훌루Hulu의 지분을 모두 확보했으며, 2019년 11월에는 디즈니 플러스Disney Plus를 통해 유료 OTT 서비스를 출시한 바 있다. 또한 국내에서는 통신사업자인 SKT와 지상파 3사(KBS, MBC, SBS)의 OTT 서비스를 통합한 웨이브Wavve가 2019년 9월 18일 시장에 출시된 바 있다. 기존의 콘텐츠 및 미디어 기업들이 동영상 OTT 기술을 이용한 서비스를 공격적으로 제공함으로써 성과를 제고하고 있는 것이다. 특히 유료 OTT 서비스의 대표주자인 넷플릭스의 가입형 VODSubscription VOD: SVOD는 디지털 트랜스포메이션의 대표적 기술인 빅데이터와 알고리즘을 활용하고

---

3   물론 이러한 OTT 플랫폼과 키즈 유튜버 콘텐츠의 성장에도 명암이 교차한다. 최근 일부 키즈 유튜브 콘텐츠와 관련된 아동학대 논란은 동영상 OTT 성장에 수반되는 부정적 측면의 현상으로 해석될 수 있다.

있으며 새로운 비즈니스 모델과 혁신적인 서비스를 제시했다는 점에서 기업적 차원에서 디지털 트랜스포메이션 현상이 지닌 특징을 지니고 있다고 볼 수 있다. 즉, 동영상 OTT 서비스 맥락에서는 기존의 유료방송 서비스와 비교할 때 새로운 디지털 기술을 이용해 혁신적인 SVOD 서비스를 제공함으로써 이용자에게 가치를 창출한다는 점에서 조직적 차원의 디지털 트랜스포메이션 현상의 예로 볼 수 있다.

사회적 차원의 관점에서 디지털 트랜스포메이션 현상에 접근하면, 혁신적인 동영상 OTT 서비스는 높은 수준의 사용자 경험, 낮은 비용, 빅데이터를 통한 최적화된 서비스 제공 등을 통해 개인·조직 및 사회에 전면적인 영향을 미치고 있으며, 미디어 이용행태에서도 몰아보기binge-watching가 증가하는 등 동영상 OTT 이용자의 삶을 바꾸고 있다. 이와 함께 디지털 플랫폼이 거래를 중개하는 역할을 담당하고 플랫폼을 기반으로 한 생태계의 확장이 뚜렷하게 나타나 플랫폼 경제platform economy가 활성화되는 등 거시적 차원에서의 디지털 트랜스포메이션 현상의 특징을 보이고 있다. 동영상 OTT로 인한 변화를 설명하기 위해 디지털 트랜스포메이션 현상의 세 가지 차원 ― 개인적인 기술 이용 차원, 조직적 차원, 사회적 차원 ― 으로 구분해 설명했으나 실제 현실 세계에서는 디지털 트랜스포메이션 현상으로 인한 변화를 세 가지 차원으로 구분하기 어렵다. 그만큼 OTT 서비스는 복잡하면서도 다면적인 변화를 초래하고 있다.

동영상 OTT 서비스는 어떻게 정의할 수 있는가

OTT 서비스를 정의하고 그 유형을 분류하는 것은 산업적 또는 정책적 측면에서 상당히 중요한 의미를 지닌다. 무엇을 OTT라고 볼 것인지 또는 어떤 범위까지 OTT라고 볼 것인지에 따라 산업 또는 는 시장이 나뉘거나 통합될 수 있다. 규제정책이나 진흥정책적 측면에서 보더라도 정책의 대상을 명확히 구분하는 것이 정책 목표를 달성하는 데 효율적이다. 특히 '방송통신발전 기본법'(약칭 방송통신발전법)⁴에서 '동일서비스 동일규제'의 원칙이 제시되고 있는 점을 고려하면, OTT의 정의와 유형에 대한 분류는 필요하다. 그렇지만 지금으로서는 OTT에 관해 학문적으로 통일된 정의가 사용되고 있다고 말하기는 어렵다. OTT는 역사적으로 인터넷과 관련된 서비스가 그래왔듯이 매우 다양할 뿐만 아니라 계속 변화하고 있는 혁신 서비스이기 때문이다.

이렇게 다양하면서도 변화가 많은 혁신 서비스인 OTT 서비스의 특성은 스펙트럼에 견주어 비유될 수 있다. OTT 서비스는 빛이 분산되어 다양한 색으로 나타나는 스펙트럼처럼 다양하면서도 정의하기 어려운 특성을 가지고 있다.

---

4   현행 '방송통신발전 기본법' 제5조는 방송통신 규제의 원칙으로 '동일서비스 동일규제'를 천명하고 있다. 즉, '방송통신발전 기본법' 제5조는 "과학기술정보통신부장관과 방송통신위원회는 방송통신서비스의 특성이나 기술 또는 시청자와 이용자의 서비스 수용행태 등을 종합적으로 고려해 동일한 서비스로 볼 수 있는 경우에는 동일한 규제가 적용되도록 노력해야 한다"라고 명시하고 있다. 〈개정 2013. 3. 23, 2017. 7. 26〉

초기에 OTT는 범용인터넷망을 통해서 제공되는 영상콘텐츠 전송 서비스로 여겨졌지만(서기만, 2011), 시간이 흐르면서 영상, 음성 등 다양한 멀티미디어 콘텐츠를 전송하는 서비스 및 전자상거래, O2OOnline to Offline 등 다양한 서비스를 포괄하는 개념으로 확장되었다(송용택, 2016). 이러한 다양한 OTT의 유형과 특성을 포괄하기 위해 유럽전자통신규제기구Body of European Regulators for Electronic Communications: BEREC는 OTT 서비스에 대해 범용(공공) 인터넷망을 통해 최종 이용자에게 콘텐츠, 서비스, 또는 애플리케이션을 제공하는 서비스라고 정의했다(BEREC, 2016).[5] 이렇게 OTT를 정의하면 OTT는 범용 인터넷망을 통해 제공되는 콘텐츠, 서비스, 또는 애플리케이션을 제공하는 매우 다양한 서비스(예: VoIP, 전자메일, 인스턴트 메신저, 전자상거래제공 서비스, 기타 동영상 콘텐츠를 제공하는 모바일 애플리케이션 등)를 포괄하게 된다(이상원·강재원·김선미, 2018). 즉, 유럽전자통신규제기구가 내린 OTT에 대한 정의는 범용인터넷망을 통해 제공되는 거의 모든 콘텐츠, 서비스 및 애플리케이션을 의미하는 매우 포괄적인 개념이다.

유럽전자통신규제기구의 이러한 정의는 다양하면서도 혁신적인 OTT 서비스를 배제하지 않고 모두 포함할 수 있다는 점에서 큰 장점을 지닌다. 그러나 한편으로는 개념 정의가 너무 포괄적이기 때문에 산업적 또는 정책적 용도로 사용하려면 결국 OTT의 유형을

---

5 BEREC(2016)은 구체적으로 OTT를 "content, a service or an application that is provided to the end user over the public Internet"으로 정의했다.

분류해야 한다. '방송통신발전 기본법'에서 제시하는 '동일서비스 동일규제'의 원칙을 제대로 적용하기 위해서는 완벽하지는 못하더라도 '서로 다른 OTT 서비스는 서로 다르게 규제'하고 다르게 접근할 필요가 있다.

이런 필요성 때문에 2016년 유럽전자통신규제기구는 OTT의 유형을 구분했다(BEREC, 2016). 유럽전자통신규제기구가 제시한 OTT 유형에 따르면, 현행 유럽연합EU의 수평적 규제체계하에서 규제를 받고 있는 전자커뮤니케이션서비스Electronic Communication Service: ECS[6]로 분류되는 유형(OTT-0), 잠재적으로 전자커뮤니케이션서비스와 경쟁할 수 있는 유형(OTT-1), 전자커뮤니케이션서비스에 해당하지 않거나 전자커뮤니케이션서비스와 잠재적으로 경쟁하지 않는 전자상거래나 비디오·음악 스트리밍 서비스 등 나머지 OTT를 포괄하는 유형(OTT-2)으로 구분된다. 유럽전자통신규제기구는 2016년 보고서에서 OTT-0의 경우 전자커뮤니케이션서비스와 동일한 규제를 적용하는 것이 타당하다는 견해를 표명했다. 유럽전자통신규제기구의 OTT 유형 분류에 따르면 공중전화망서비스로의 발·착신이 가능한 음성전송 서비스가 OTT-0 유형에 해당된다(BEREC, 2016).

유럽전자통신규제기구의 OTT 유형 분류는 규제정책적인 측면에서 실용성을 지니고 있다. 일단 기존의 규제체계에 의한 서비스 분류에서 보았을 때 특정 유형의 OTT 서비스가 기존 규제체계하에서

---

6   전자커뮤니케이션서비스는 일반적으로 EU의 수평적 규제체계하에서 "전자커뮤니케이션네트워크상에서 전자적 신호의 전달을 주역무로 제공하는 서비스"로 정의된다(이상원·강재원·김선미, 2018: 259).

의 서비스인 전자커뮤니케이션서비스에 해당될 여지가 있음을 제시했기 때문이다. 그렇지만 유럽전자통신규제기구의 OTT 유형 분류는 몇 가지 문제를 안고 있다.

첫째, 기존의 전자커뮤니케이션서비스의 개념은 EU의 수평규제 체계하에서 전자커뮤니케이션서비스의 계층을 전송계층과 콘텐츠계층으로 나눈 후 전송계층을 다시 전자커뮤니케이션서비스와 전자커뮤니케이션네트워크Electronic Communication Network: ECN로 나누면서 형성된 개념인데, 현재의 일부 OTT 서비스 사업에서는 전송계층과 콘텐츠계층으로 명확하게 나누기 어려운 경우도 있다.

둘째, 유럽전자통신규제기구가 분류한 OTT-2 유형에 해당하는 서비스도 향후 전자커뮤니케이션서비스와 경쟁하면서 대체성을 보일 가능성이 있다. 예를 들어, A라는 OTT 비디오 스트리밍 서비스 사업자가 서비스 가입자에게 매달 가입비를 받고 주로 온라인 스트리밍을 이용해 영화 콘텐츠 서비스를 제공하면서 동시에 광고와 함께 실시간 방송을 가입자에게 제공했다면 이 경우는 서비스를 어떻게 분류해야 할 것인가 하는 의문이 남는다. 이런 유형의 OTT 서비스는 수평적 규제체계를 적용했을 경우 주로 콘텐츠계층에 속하지만, 동시에 전송계층에서 제공하는 편집통제력이 없는 서비스로 분류할 수도 있기 때문이다. 또한 장기적인 관점에서 볼 때 동영상 OTT 사업자의 이러한 서비스가 전자커뮤니케이션서비스로 분류될 수 있는 기존의 유료방송 영역의 서비스와 경쟁하며 전혀 대체성을 보이지 않을 것이라고 예상하기도 어렵다. 물론 국내에서는 EU의 수평적 규제체계가 아닌 수직적 규제체계를 적용하고 있지만, 수직

적 규제체계하에서도 OTT 서비스를 규제정책적 목적으로 분류하는 데에는 많은 어려움이 있다.[7]

유럽전자통신규제기구에서 제시한 것처럼 규제정책의 목적적 관점에서 OTT를 정의하고 유형을 분류하는 것은 문제점을 지니고 있으므로 이는 향후에 해결해야 할 것이다. 하지만 이 책은 OTT 중 '동영상 OTT'와 관련된 산업을 고찰하는 것을 목적으로 하고 있기 때문에, 유럽전자통신규제기구에서 제시한 포괄적인 OTT에 대한 정의를 응용하고자 한다. 따라서 이 책에서는 동영상 OTT를 "범용 (공공) 인터넷망을 통해 최종 이용자에게 영상콘텐츠 서비스를 제공하는 서비스"로 정의한다. 동영상 OTT에 대한 이러한 정의는 앞서 논의한 콘텐츠계층과 전송계층에 동시에 해당되는 영상콘텐츠 서비스를 모두 포괄하는 개념이다.

---

[7]   OTT 규제에 대한 논의는 제4장에서 자세히 다룬다. 우리나라는 오랜 논의에도 불구하고 EU와 같이 전송계층과 콘텐츠계층으로 규제체계를 나누는 수평적 규제체계를 아직 도입하지 않고 있다. 국내에서 방송과 미디어 서비스는 전송매체나 서비스의 특성에 따라 구별되는 수직적 규제체계의 적용을 받고 있으며, 수직적 규제체계하에서 OTT 서비스는 부가통신사업으로 분류되고 있다.

제2장

동영상 OTT 서비스 시장의 성장과 변화

동영상 OTT 서비스 혁신의 환경적 동인은?

혁신적인 미디어 기업이 제공하는 동영상 OTT와 같은 새로운 미디어 콘텐츠 서비스는 다양한 환경적 요소의 산물이다. 미디어나 콘텐츠 관련 서비스 또는 기업이 외적 환경의 영향을 받는다는 관점은 그동안 다양한 미디어 산업 연구에서 오랫동안 지속되어 왔고 실제 연구에도 적용되어 왔다.

가장 흔하면서도 전통적인 사례 중 하나가 기업의 전략은 외부환경으로부터 영향을 받는다는 경영전략에 관한 이론 중 하나인 산업조직론적 관점Industrial Organization View of Strategy: IO View이다. 산업조직론적 관점은 산업경제학의 구조 - 행위 - 성과structure - conduct - performance 패러다임을 기반으로 외부 환경과 시장 구조가 미디어 기업의 전략적 행동을 결정한다고 보는 '외부에서 내부로 향하는 접근법outside-in-perspective'이다(Chan-Olmsted, 2006). 예를 들어, 산업조직론적 관점에서는 기업이 처한 외부환경으로서의 시장 경쟁이 미디어 기업전략의 선택에 영향을 미친다고 보고 외부환경의 변화가 시장에서 어떤 전략적 변화와 성과의 차이를 가져오는지를 고찰한다.

산업조직론적 관점과 완전히 동일하지는 않지만, 미디어 경영 분야의 연구에서 미디어 기업을 하나의 개방체제open system로 이해하고 미디어 기업을 둘러싼 외부환경과 미디어 기업의 상호작용과 학습을 강조하는 시스템이론적 접근 역시 산업 환경적 요소를 강조한다. 또한 주로 IT와 관련된 기술이나 혁신의 수용 및 확산을 설명하기 위해 IT 관련 변수들을 기술적 맥락technological context, 조직적 맥락organizational context, 환경적 맥락environmental context, 세 가지 영역으로 구분하고 이 영역들이 조직의 IT 기술 수용에 미치는 영향을 고찰하는 연구모델인 TOE프레임워크TOE framework(Tornatzky and Fleischer, 1990)도 경쟁이나 규제와 같은 산업 환경적 요소를 강조한다.

마이클 놀Michael Noll은 미디어 기업의 환경적 요소를 조금 더 실용적으로 적용해 기술적 요인, 재정 및 경제적 요인, 소비자적 요인, 관리와 경영적 요인, 정책과 규제적 요인 등 다섯 가지의 요인이 새로운 미디어 상품 또는 서비스의 미래를 결정하는 요소라고 보았다(Noll, 2006). 이 장에서는 동영상 OTT 서비스에 영향을 미치는 환경적 동인을 분석하기 위해서 놀이 제기한 구분을 수정해, 기술적 요인technological factor, 소비자 요인consumer factor, 산업적 요인industrial factor, 정책적 요인policy factor이 동영상 OTT 서비스에 미치는 영향을 분석한다.[1] 이러한 환경적 동인에 대한 분류는 실제 현상에서 구분하기 어렵거나 중첩적인 측면도 있지만, 분석을 수행하는 데에는 실용적이다. 또한 이와 같은 환경적 동인은 현재 시장에서 동영상

---

1   이 장에서는 동영상 OTT 서비스와 산업의 외부환경적 요소를 강조하기 위해 놀이 제시한 재정 및 경제적 요인, 관리와 경영적 요인을 산업적 요인으로 대체했다.

OTT 서비스가 성장하는 데 기여해 온 요인일 뿐만 아니라 동영상 OTT 서비스의 미래를 결정하는 요인이라는 점에서 제대로 분석할 필요가 있다.

기술적 요인

동영상 OTT 서비스의 기술적 동인으로서 기본적으로 논의해야 할 현상 중 하나는 브로드밴드 네트워크broadband network의 성장과 확산이다. 현재 많은 이용자들이 사용하고 있는 유료형 또는 광고형 동영상 서비스인 넷플릭스나 유튜브는 브로드밴드 네트워크의 성장과 확산이 없었더라면 결코 제공될 수 없었을 것이기 때문이다.

DSL, 케이블 모델Cable Modem, 광케이블Fiber 같은 고정형 브로드밴드fixed broadband 서비스는 1999년부터 많은 나라에서 상용화되기 시작했다. 2000년대 중반부터는 3G 모바일과 같은 이동형 브로드밴드mobile broadband 서비스가 대부분의 OECD 국가에서 빠르게 확산되었다. 2018년 12월 기준 OECD 국가들의 고정형 브로드밴드 서비스 평균 보급률은 30.92%였으며, 이동형 브로드밴드 서비스(데이터와 음성을 동시에 제공할 수 있는 서비스)의 평균 보급률은 98%에 도달했다(OECD, 2019). 브로드밴드 서비스의 상용화가 시작된 이후 20년 만에 OECD 국가의 거의 모든 인구가 브로드밴드 네트워크 서비스를 이용하게 된 것이다.

그러나 초기의 브로드밴드 서비스는 현재의 동영상 OTT 서비스가 가능한 만큼의 충분한 대역폭bandwidth을 제공하지 못했다. 예를 들어, 브로드밴드 서비스가 상용화되던 초기인 1999년에는 미국 연방통신위원회Federal Communication Commission: FCC가 브로드밴드 서비스를 200kbit/s로 정의할 만큼 서비스 초기에는 상당히 낮은 수준의 대역폭을 제공했다. 현재 글로벌 유료 동영상 OTT 서비스의 선두주자인 넷플릭스의 스트리밍 서비스도 낮은 수준의 브로드밴드 대역폭으로 인해 인터넷 서비스 속도가 느렸기 때문에 2007년에야 출시될 수 있었다.

이처럼 모바일과 TV 등 다양한 기기에서 동영상 비디오 스트리밍 서비스가 제대로 가능해진 것은 2010년 11월경부터였다. 2010년 미국 연방통신위원회가 고정형 브로드밴드의 경우 최소 다운로드를 4mbit/s, 최소 업로드를 1mbit/s로 정의할 만큼 브로드밴드 서비스의 대역폭은 기술혁신과 함께 크게 확장되었다.[2]

2011년 이후 넷플릭스는 시장에서 초고속 성장을 거듭해 2011년 4월 미국 내 2300만 명이던 가입자 수가 2019년 6월에는 전 세계 1억 5000만 명 이상으로 확대되었다. 이와 같이 브로드밴드 기술혁신에 기반한 브로드밴드의 대역폭 성장과 인프라 확산이 전 세계적으로 동시에 진행되지 않았더라면 현재와 같은 동영상 OTT 서비스 시대는 도래하지 못했을 것이다.

또한 브로드밴드 네트워크 혁신은 동영상 OTT와 VR Virtual Reality(가상현실)과 같이 디지털 트랜스포메이션을 주도하는 기술 간의 융합에도 계속 영향을 미칠 것이다. 예를 들어 VR 콘텐츠를 제대로 이

---

2 미국 연방통신위원회는 2010년에 기존의 브로드밴드 서비스에 대한 정의를 업데이트한 이후, 2015년에 최소 다운로드 25mbit/s, 최소 업로드 3mbit/s 대역폭을 브로드밴드 서비스로 재정의했다.

용하려면 1Gbps 이상의 속도를 제공하는 5G 네트워크 혁신과 인프라 확산이 필요하기 때문이다. 이와 같이 브로드밴드 네트워크 혁신은 OTT와 VR, IoT 등을 융합하기 위한 필수적 조건이다.

이러한 브로드밴드 네트워크 기술혁신과 함께 파일 전체를 다운로드 받지 않고 일정량의 데이터만으로도 실행 가능한 동영상스트리밍호스팅 같은 스트리밍 기술의 진화도 동영상 OTT의 이용을 확산시키는 데 기여한 것으로 보인다. 동영상 OTT 서비스를 위한 스트리밍 기술은 동영상을 재생하는 디바이스에 데이터를 저장하지 않아도 되는 장점이 있고 저작권 침해의 요소를 줄일 수 있기 때문에 앞으로도 미디어 산업에서 더 효율적인 방식으로 활용될 것이다.

또한 알고리즘과 빅데이터 기술의 성장과 발전도 동영상 OTT 성장을 촉진하고 있다. 좋은 예로, 넷플릭스 시청자의 80% 이상은 알고리즘을 통한 추천시스템에 만족하고 있으며, 동영상 OTT 사업자들은 빅데이터 분석을 통해 소비자 기호 및 효용을 파악함으로써 콘텐츠의 잠재적 이용자 수, 매출 등을 예측할 수 있게 되었다(KT경제경영연구소, 2017).

이와 함께 스마트폰, 태블릿, 스마트 TV 등 스마트 디바이스의 이용 확산도 동영상 OTT 서비스의 급속한 성장에 영향을 주고 있다. 전 세계 스마트폰 이용자 수는 2019년 30억 명을 넘어설 것으로 예상되고 있으며, 2021년에는 38억 명에 도달할 것으로 추정된다(Statista, 2019). 이러한 스마트 디바이스의 확산은 언제든anytime, 어디서든anywhere, 어떤 디바이스로든any device 콘텐츠에 접근할 수 있는 환경을 제공하고 있다.

소비자 요인

동영상 OTT 서비스 성장의 동인 가운데 소비자 요인은 주로 미디어 소비자의 최근 미디어 이용행태 변화와 관계된다. 동영상 OTT와 관련된 미디어 이용행태 가운데 가장 뚜렷한 변화의 예는 TV와 같은 방송 미디어 시청자의 행태에서 찾아볼 수 있다. 스마트 미디어의 보급 및 이용 증가, 방송 기술의 혁신 등으로 인해 기존 방송을 이용하는 시간적·공간적 제약이 약화되었고, 이에 따라 방송 시청자는 자신이 원하는 시간과 장소에서 이용 가능한 매체로 원하는 콘텐츠를 소비할 수 있는 능동적 이용자로 변화하고 있다(황성연, 2017). 달리 표현하면, 자신의 상황과 취향을 고려해 방송프로그램을 선택해서 보는 시청자가 증가하고 있는 것이다. 다양한 스마트 디바이스를 이용한 이와 같은 '선택적 TV 프로그램 시청 증가'는 동영상 OTT 서비스가 성장하는 데 매우 중요한 영향을 미쳤다.

미디어 이용행태의 변화와 함께, 연령층이 낮을수록 실시간 방송에 대한 의존도가 낮아지고, TV보다는 스마트폰을 일상생활 필수 매체로 인식하며, 원하는 콘텐츠를 원하는 시간에 시청하고, TV를 콘텐츠 이용의 다양한 방법 중 하나로 선택하는 추세도 점차 강화되고 있다(〈그림 2-1〉 참조). 이러한 미디어 이용행태 변화는 특히 상대적으로 낮은 연령층에서 동영상 OTT 이용이 증가하는 현상으로 이어진다.

이러한 추세와 함께 유료방송 가입자를 중심으로 VOD 다시보기 및 몰아보기도 증가하고 있으며 유료방송사를 중심으로 다시보기나 몰아보기와 관련한 이벤트 및 할인 행사도 많아졌다. 기술변화

그림 2-1 **TV와 스마트폰의 연령별 이용률**   단위: %

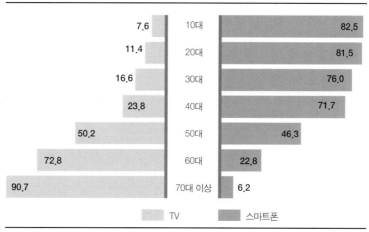

	TV		스마트폰
10대	7.6		82.5
20대	11.4		81.5
30대	16.6		76.0
40대	23.8		71.7
50대	50.2		46.3
60대	72.8		22.8
70대 이상	90.7		6.2

자료: 방송통신위원회(2018a).

에 의해 초래된 소비자의 미디어 이용행태 변화는 동영상 OTT 시장 성장에 매우 큰 영향을 미치는 요인이다.

산업적 요인

기술혁신이나 소비자의 미디어 이용행태 변화와 함께 산업적 요인 또한 동영상 OTT 서비스 성장의 중요한 요인이다. 특히 미디어 시장에서의 사업자 간 경쟁은 서비스 혁신과 낮은 수준의 가격 형성에도 영향을 줌으로써 동영상 OTT 확산에 기여한다. 국내에서는 유료 동영상 OTT인 가입자형 VODSVOD의 경우 2016년에 넷플릭스가 국내 시장에 진출하고 프로그램스Frograms가 왓챠 플레이Wacha Play를 국내 시장에서 출시하면서 시장경쟁이 점차 심화되고 있다.

2019년 9월 SKT와 지상파 3사의 OTT 서비스를 통합한 웨이브가 시장에 출시되고 2019년 11월에는 디즈니가 디즈니 플러스를 출시하는 등 동영상 OTT 시장의 경쟁은 더욱 치열해지고 있다. 이와 같은 시장경쟁은 동영상 OTT 서비스 이용을 더욱 확산시키고 있다. OTT 서비스 이용률은 2016년 35%, 2017년 36.1%, 2018년 42.7%로 성장하고 있으며, 2019년에 디즈니 등 글로벌 사업자가 국내 시장에 추가로 진출한 것을 고려하면 동영상 OTT 시장은 향후에 큰 폭으로 성장할 것으로 보인다.

PwC(2019)는 한국의 SVOD 시장 규모가 2018년부터 2023년까지 연평균 20.18%가량 성장할 것으로 예측하고 있다. 이와 같이 치열한 시장경쟁은 동영상 OTT 시장이 성장하는 데 크게 기여하는 요인 중 하나이다. 이러한 시장경쟁 심화는 콘텐츠 투자 증대, 서비스 혁신, 경쟁적인 서비스 가격에도 영향을 줌으로써 OTT 이용자의 효용을 증대시킬 수 있다. 한편으로 OTT 플랫폼 간 경쟁 심화는 부정적인 결과를 가져올 수도 있다. 예를 들어 플랫폼 효과로 인해 시장경쟁에서 승리한 하나 또는 두 개의 플랫폼이 시장에서 모든 것을 차지하는 승자독식 구조가 될 수도 있다는 점에서 공정경쟁 환경을 조성하는 것이 장기적으로 중요한 정책이슈로 자리매김할 것이다(이상원, 2017).

새롭고 차별화된 비즈니스 모델을 활용하는 것도 또 하나의 중요한 산업적 요인이다. 좋은 예로 넷플릭스는 비즈니스 모델에서의 차별화를 위해 경쟁 기업에서 이용하고 있는 광고 삽입형 콘텐츠나 페이퍼뷰pay-per-view(유료 시청제) 형태의 콘텐츠 제공을 지양하고 콘텐츠를 광고 없이 무제한으로 시청할 수 있는 가입형 정액요금제를 도입해 시장에서 성공을 거두었다. 넷플릭스나 아마존의 SVOD형 비즈니스 모델은 글로벌 시장에서 2018년부터 2023년까지 거래형 VOD TVOD보다 두 배 이상 빠른 성장률을 기록할 것으로 예측되고 있다(PwC, 2019).

또한 알고리즘 및 빅데이터 분석 기술의 발전과 함께 넷플릭스와 같은 혁신 동영상 OTT 사업자들은 개인화 추천시스템을 통해 맞춤형 콘텐츠를 제공하면서 콘텐츠 소비자에게 높은 수준의 사용자 경험을 제공하고 있다. 이러한 개인화 추천시스템은 이용자의 플랫폼 체류 시간을 증가시키고, 콘텐츠 운영의 효율성을 향상시키며, 플랫폼 이용자의 이탈을 막는 데 효과적인 것으로 평가되고 있다(최선영·고은지, 2018). 이와 같은 산업 혁신도 동영상 OTT 서비스의 가파른 성장을 이끄는 요소 중 하나이다.

정책적 요인

미디어 산업에서 규제와 같은 정책 환경은 서비스의 시장 성장에 영향을 미친다. 동영상 OTT 서비스도 같은 맥락에서 규제정책으로부터 큰 영향을 받는다. 그동안 인터넷망을 통한 콘텐츠 제공 및 정보 제공 서비스는 비교적 약한 규제를 받아왔다. 현재 시장에서 제공되고 있는 혁신적인 동영상 OTT 서비스는 인터넷에 대한 약한 규제라는 유산이 없었다면 현재와 같이 빠르게 성장하기 어려웠을 것이다. 국내에서 현재 동영상 OTT 서비스는 인터넷을 통해 콘텐츠를 제공하는 서비스로 분류되어 '전기통신사업법'상 '부가통신역무'[3]에 해당해 방송법상에서 방송과 같은 규제를 받고 있지 않다.[4] 다른 나라들도 대부분 유사한 규제를 적용해 동영상 OTT 서비스에 대해서는 비교적 약한 규제를 적용해 왔다.

망 사업자에 대한 망중립성 규제도 넷플릭스나 아마존 같은 글로벌 대형 동영상 OTT 서비스 사업자가 성장하는 데 어느 정도 기여해 왔다. 양면시장적 관점에서 보자면, 모든 인터넷 트래픽이 동등하게 취급되어야 한다는 비차별성 원칙을 강조한 망중립성 규제는 인터넷망 비용의 부담을 이용자에게 집중시키고 콘텐츠 사업자들에게는 일종의 보조금을 지급하는 것과 유사한 효과를 유발한다. 이러한 관점에서 망중립성 규제는 인터넷 발전의 원동력으로 평가되기도 한다(Lee and Wu, 2009). 이러한 정책적 환경에 대한 논의는 관점에 따라 논쟁의 여지가 있긴 하지만, OTT 동영상 사업자에 대한 그동안의 규제환경이 일부 OTT 사업자가 대형 글로벌 OTT 사업자로 성장하기에 우호적이었다는 것은 분명해 보인다. 정책 환경과 규제에 대해서는 4장에서 좀 더 논의하고자 한다.

---

3   '전기통신사업법'상 '부가통신역무'는 '기간통신역무 외의 전기통신역무'로 정의되고 있으며, 이러한 정의에 기반해 부가통신역무는 "타인의 통신을 매개하되 음성·데이터·영상 등을 그 내용이나 형태를 변경해 송신 또는 수신하게 하는 전기통신역무"라고 추론될 수 있다(이희정, 2015: 154).

4   동영상 OTT 서비스는 기존의 유료방송과 유사한 실시간 방송프로그램 및 VOD를 서비스함에도 불구하고 규제적용에서 기존의 유료방송사업자와 다른 규제를 받고 있기 때문에 차별적 규제 이슈가 제기되어 왔다(이상원·강재원·김선미, 2018). 예를 들어 시장 진입 규제의 경우, 기존의 방송법은 허가절차에 따라 일정한 자격을 갖춘 사업자에 한해 방송 서비스 시장 진입을 허용했다. 하지만 동영상 OTT 서비스는 부가통신사업으로 분류되어 신고만으로 시장에 진입할 수 있다(김재철, 2014).

하이브리드 비즈니스 모델로의 진화 가능성

1장에서 기술한 바와 같이 동영상 OTT 서비스는 하나의 스펙트럼처럼 매우 다양한 유형으로 진화·발전하고 있다. 시간이 지나고 혁신이 계속될수록 지금보다 더 다양한 형태의 동영상 OTT 서비스가 제공될 것으로 예상된다. 동영상 OTT의 기본적인 유형을 분류하고 그 특징을 이해하는 것은 동영상 OTT 시장을 이해하는 첫 단계이다.

먼저 최근 콘텐츠 시장에서 성장 중인 동영상 OTT 서비스의 기본 유형은 〈표 2-1〉과 같이 구분할 수 있다. 이러한 유형 구분의 기준은 주로 수익모델, 서비스 유형, 콘텐츠 수급방식의 차이이다. 이러한 기준에 따르면 동영상 OTT 서비스는 광고형 VOD Advertising VOD: AVOD, 거래형 VOD Transactional VOD: TVOD, 가입자형 VOD Subscription VOD: SVOD, 혼합형 Hybrid 등 크게 네 가지로 구분할 수 있다.

광고형 AVOD은 광고수익을 수익모델로 한다. 즉, VOD 이용자가 광고를 시청하는 대가로 동영상 OTT 사업자는 무료로 콘텐츠를 제공한다. 광고형은 고객 한 명당 창출 가능한 이윤이 적다는 단점이 있지만, 이용자가 콘텐츠를 제작하는 형태이기 때문에 비교적 적은 투자로 수익 창출이 가능하다는 장점이 있다(미래에셋 대우 리서치센터, 2017).

광고형은 주로 인터넷 이용자 전반을 대상으로 이용자 제작 콘텐츠, 멀티채널 네트워크 Multi-Channel Network: MCN 등 무료 콘텐츠, 방송콘

표 2-1 **동영상 OTT 서비스의 유형 분류**

유형	광고형(AVOD)	거래형(TVOD)	가입형(SVOD)	혼합형(Hybrid)
수익 모델	광고수익	개별 영상콘텐츠 구매	월정액 요금	월정액 요금, 개별 영상 콘텐츠 구매 혼합
특징	고객 한 명당 창출 가능한 이윤이 적음	수익 예측이 어려움	예상 가능한 수익 창출 가능	거래형과 가입형의 혼합, 실시간 채널과 VOD 제공 혼합
콘텐츠 수급	이용자 제작 콘텐츠, MCN 등 무료 콘텐츠 및 방송 콘텐츠 클립 등	최소보장금을 PP에 제공해야 하며, 수급 가능 콘텐츠가 제한적	일정 기간 동안 다수의 콘텐츠 이용에 대한 판권 구매로 콘텐츠 수급에 유리	판권 구매, PP에 최소보장금 제공
비용 지출	이용자가 콘텐츠를 제작하는 형태 → 적은 투자로 수익 창출 가능	필요한 콘텐츠만 확보 가능 → 가입형에 비해 비용 부담 경감	판권 구매에 따른 비용 지출이 거래형에 비해 큼	가입형보다는 비용 지출이 적지만 거래형보다는 비용 부담이 큼
대표 서비스	유튜브, 페이스북, 네이버 TV, 카카오 TV	아이튠즈, 국내 유료방송 단품 구매	넷플릭스, 디즈니 플러스, 왓챠 플레이	티빙, 웨이브, CBS 올 액세스

참고: 미래에셋대우 리서치센터(2017) 및 주혜민·이상원(2019)을 수정·추가해 재구성.

텐츠 클립 등의 콘텐츠를 수급한다(미래에셋대우 리서치센터, 2017).
대표적인 광고형 동영상 OTT 서비스에는 유튜브, 페이스북, 네이
버 TV 등이 있다. 광고형은 2016년 스트리밍 시장 이윤의 47%를 차
지할 정도로 성공적인 동영상 OTT 서비스 모델로 평가되었다
(Cheung, 2016).

광고형 VOD의 대표주자인 유튜브는 2018년 5월 광고 없이 동영
상을 시청할 수 있는 유료 서비스 '유튜브 프리미엄Youtube Premium'과
'유튜브 뮤직 프리미엄Youtube Music Premium'을 선보였다(〈그림 2-2〉 참
조). 현재 유튜브 프리미엄 서비스에서는 영화, 드라마, 애니메이션,
다큐멘터리 등 다양한 장르의 자체 제작 콘텐츠가 제공되고 있다. 원

그림 2-2 **유튜브 프리미엄의 콘텐츠**

래 광고형 VOD인 유튜브의 이러한 새로운 시도는 광고 기반의 VOD 서비스와 월정액 기반 비즈니스 모델을 동시에 서비스하는 '하이브리드 비즈니스 모델' 전략으로 이해할 수 있다(주혜민·이상원, 2019).

거래형 TVOD은 개별 영상콘텐츠 구매를 수익모델로 한다. 거래형은 수익 예측이 어렵지만, 필요한 콘텐츠만 확보할 수 있고 가입형 SVOD에 비해 비용 부담이 적다는 장점이 있다(미래에셋대우 리서치센터, 2017). 그러나 채널사용사업자Program Provider(이하 PP)에 최소 보장금을 제공해야 하고 수급 가능한 콘텐츠가 상대적으로 제한적이라는 단점도 있다(미래에셋대우 리서치센터, 2017). 대표적인 거래형 동영상 OTT 서비스로는 아이튠즈iTunes와 국내 유료방송사업자가 제공하는 단품 구매 서비스 등을 들 수 있다.

가입형 SVOD은 월정액 요금이 주요 수익모델이다. 가입형은 일정 기간 동안 다수의 콘텐츠에 대한 판권을 구매함으로써 콘텐츠 수급에 유리하고 예상 가능한 수익 창출이 가능하다는 장점이 있지만, 판권 구매에 따른 비용 지출 부담이 거래형에 비해 크다는 단점도 있다. 가입형 동영상 OTT의 선두주자인 넷플릭스의 2018년 콘텐츠 투자액은 120억 달러로 추정되며 이로 인해 2018년 장기부채가 104억 달러에 달했다는 점은 가입형 동영상 OTT 서비스가 판권 구매로 인한 부담이 크다는 것을 보여주는 사례이다. 대표적인 가입형 동영상 OTT 서비스로는 넷플릭스, 디즈니 플러스, 아마존 프라임 비디오Amazon Prime Video 및 왓챠 플레이 등이 있으며, 현재 대부분의 가입형 동영상 서비스 제공업체들은 경쟁우위를 확보하기 위해 자체 제작 콘텐츠에 대한 투자를 증가시키고 있다(〈그림 2-3〉 참조).

혼합형Hybrid은 주로 거래형과 가입형이 혼합된 서비스를 제공하는 동영상 OTT 서비스의 유형이다. 따라서 월정액 요금을 중심으로 하되, 개별 영상콘텐츠도 구매 가능하다. 국내에서 혼합형 동영상 OTT 서비스 사업자들은 VOD를 제공하는 동시에 실시간 채널 서비스도 제공하고 있다. 이렇게 실시간 채널을 제공하는 혼합형은 현재 미국 동영상 OTT 시장에서도 증가하고 있다. 혼합형은 사업자들의 운영에 따라 증가하는 비용 지출이 다르지만, 일반적으로 가입형보다는 비용 지출이 적고 거래형보다는 비용 부담이 큰 모델이다. 대표적인 혼합형 동영상 OTT 서비스로는 티빙Tving, 웨이브, 미국의 CBS 인터랙티브CBS Interactive가 운영하는 CBS 올 액세스CBS All Access 등을 들 수 있다.

향후 이러한 네 가지 유형의 동영상 OTT 서비스는 기존의 광고

그림 2-3 넷플릭스의 자체 제작 콘텐츠

그림 2-4 혼합형 동영상 OTT 서비스 '티빙'

형, 거래형, 가입형이 다양한 조합을 이룬 현재보다 더 복잡하고 다양한 형태의 혼합형 모델로 진화할 가능성이 있다. 예를 들어 광고형, 거래형, 가입형을 동시에 혼합한 모델에 기반하면서 서비스를 차별화하는 방향으로 진화할 수 있다. 즉, 시간이 흐름에 따라 동영상 OTT 사업자들은 비즈니스 모델의 다양화를 추구할 가능성이 있다. 이러한 진화 가능성은 동영상 OTT 서비스를 하나의 스펙트럼으로 이해하는 관점에 정당성을 부여한다. 한편으로 이러한 진화 가능성은 다양한 경제적 또는 사회적 OTT 규제 이슈가 촉발되었을 때 정책문제의 복잡성을 증대시키고 적절한 정책적 해결책을 제시하는 데 어려움을 증대시킬 것으로 보인다.

글로벌 동영상 OTT 서비스 시장의 성장

동영상 OTT 산업이 성장하면서 기존의 방송이나 통신 시장에도 영향을 미치고 있고 동영상 OTT 서비스 성장이 전 세계적으로 촉진되고 있는 현상을 이해하기 위해서는 글로벌 동영상 서비스의 성장 현황과 그 특징을 이해할 필요가 있다. 동영상 OTT 시장 현황에 대한 이해는 동영상 OTT와 관련된 전략과 정책을 논의하는 데 기초가 될 수 있다.

동영상 OTT 서비스 시장에 대한 정의

동영상 OTT 서비스의 시장 성장을 논의할 수 있는 지표와 통계

데이터에는 여러 가지가 고려될 수 있지만 가장 중요한 데이터 중 하나는 각 국가별 및 동영상 OTT 서비스 유형별 가입자(또는 이용자) 수와 시장 매출액 관련 데이터이다. 이러한 지표는 오랫동안 미디어 산업에서 중요시되어 왔고 그동안 실제로 사용되어 왔다.

그러나 전술한 바와 같이 현재 거의 대부분의 나라에서 동영상 OTT 서비스는 기존의 방송사업자나 통신사업자와 같은 허가 사업자가 아닌 새로운 형태의 사업자에 의해 운영된다. 예를 들어 국내에서도 동영상 OTT 사업은 부가통신 사업으로 분류되어 신고만으로 시장에 진입할 수 있으며, 2019년 현재 경쟁상황을 평가받을 의무가 없다. 따라서 동영상 OTT 사업자에게는 정확한 가입자 통계를 제출할 의무가 없다.[5] 매출액 기준 세계 1위의 다국적 회계 감사 기업인 PwCPricewaterhouse Coopers 같은 기업은 오범Ovum 같은 글로벌 컨설팅 회사와 협력해 동영상 OTT 시장의 매출액 데이터를 수집해서 제공하고 있다. 따라서 이 책에서는 PwC에서 제공한 최근 동영상 OTT 서비스 시장의 데이터를 수집해 분석함으로써 글로벌 동영상 OTT 시장의 추세를 가늠해 본다.

글로벌 동영상 OTT 시장 분석에서 중요한 부분 중 하나는 어디까지를 동영상 OTT 시장으로 볼 것인가 하는 점이다. 가능하다면 전술한 동영상 OTT 서비스의 유형을 포괄한 데이터가 더 믿을 만

---

5   과학기술정보통신부는 가칭 '부가통신사 시범 실태조사'를 실시하는 내용을 담은 2020년도 정부 예산(안)을 편성한 것으로 알려졌다(박지성, 2019). 따라서 앞으로는 현재 파악되지 않은 일부 동영상 OTT 서비스에 대한 가입자 및 매출액 관련 데이터가 공개될 것으로 보인다.

하기 때문이다. 앞서 제시한 바와 같이 광고형, 거래형, 가입형 및 혼합형을 모두 포괄한 시장이 현재 동영상 OTT 시장이라고 정의할 수 있다. 따라서 이 책에서는 PC 기반 인터넷 동영상 광고시장과 모바일 동영상 광고시장을 합친 시장을 광고형 동영상 OTT 시장으로 보고, 이에 더해 거래형과 가입형 VOD 시장을 모두 합한 시장을 전체 동영상 OTT 시장의 범위로 정의한다.[6]

SVOD와 모바일 광고형을 중심으로 성장

앞서 언급한 PwC 데이터를 이용해 분석하면 글로벌 동영상 OTT 시장 규모는 〈그림 2-5〉와 같이 추정할 수 있다. SVOD, TVOD, PC 기반 인터넷 동영상 광고시장, 모바일 동영상 광고시장을 합친 시장을 전체 동영상 OTT 서비스 시장으로 볼 때, 전체 시장 규모는 2017년에 약 593억 달러로 추정되며, 2023년 약 1584억 달러 규모로 빠르게 성장할 것으로 예상된다. 6년 동안 전체 시장 규모가 약 2.67배 성장할 것으로 추정되는 것이다.

유형별로 구분해서 보면, 광고형 동영상 OTT 시장 중 PC 기반 인

---

6   PwC(2019)에서는 거래형 VOD 시장과 가입형 VOD 시장을 합친 시장을 동영상 OTT 시장으로 파악하고 있으나, 최근에 급격한 성장을 보이고 있는 유튜브와 같은 광고형 동영상 OTT 서비스는 동영상 OTT 서비스에 포함시키지 않는다. 따라서 이 책에서는 광고형, 거래형, 가입형을 합한 시장 규모를 동영상 OTT 시장으로 본다. PwC는 광고형 동영상 OTT 서비스 시장도 동영상 광고시장으로 분류해 데이터를 수집했다. 한편 앞서 언급한 혼합형 동영상 OTT 서비스 시장은 따로 데이터를 수집하지 않았다. 혼합형은 거래형 또는 가입형 중 어떤 비즈니스 모델을 주로 이용하느냐에 따라 한쪽으로 분류해 데이터를 수집했다. 물론 PwC 데이터 셋이 동영상 OTT 시장의 모든 요소를 완벽하게 포함한 데이터 셋이라고 말하기는 어렵지만 대략적인 전체 시장 규모를 추정하는 데에는 PwC 데이터를 활용해도 큰 문제가 없다고 판단했다.

그림 2-5 **글로벌 동영상 OTT 서비스의 시장 규모** 　　　　　　　　　단위: 백만 달러

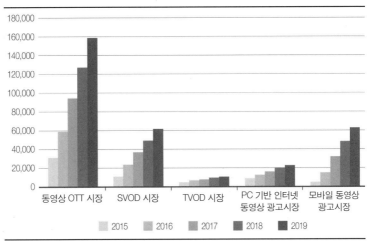

자료: PwC(2019).

터넷 동영상 광고시장은 2017년에 130억 달러였으나, 2023년에는 230억 달러에 달할 것으로 추정된다. 모바일 동영상 광고시장은 2017년 152억 달러였으나, 2023년엔 626억 달러로 성장할 것으로 예상된다. 흥미로운 것은 2017년부터 모바일 동영상 광고형이 PC 기반 인터넷 동영상 광고형을 앞서기 시작했으며, 2018년부터 2023 년까지 평균 성장률도 21.21%에 달해 같은 기간 동안 PC 기반 인터넷 동영상 광고형의 평균 성장률인 9.28%의 두 배를 넘을 것으로 예상된다는 것이다(PwC, 2019).

SVOD와 TVOD 시장을 살펴보면, SVOD 시장 규모는 2017년에 239억 달러였으나 2023년에는 620억 달러 규모로 성장할 것으로 예상된다. TVOD 시장 규모는 2017년 71억 달러에서 2023년엔 107억

달러로 성장할 것으로 예상된다. 2018년부터 2023년까지 평균 성장률은 SVOD 15.37%, TVOD 6.53%로, SVOD의 성장률이 TVOD의 2.35배일 것으로 추정된다(PwC, 2019). 이러한 추정은 글로벌 컨설팅 회사인 오범의 추정과 유사하다. SVOD의 이러한 시장 성장 추세에 관해 오범은 2022년 이후에는 SVOD 서비스의 가입자 규모가 유료방송 서비스의 가입자 규모를 넘어설 것으로 전망한 바 있다(OVUM, 2018).

이와 같은 시장 규모 성장 데이터에서 또 하나 흥미로운 사실은 SVOD와 모바일 광고를 통한 광고형 동영상 OTT의 성장이 향후 5년간은 동영상 OTT 시장 성장에서 양대 축을 형성할 것이라는 점이다. 또한 전술한 바와 같이 SVOD와 광고형 동영상 OTT가 혼합된 하이브리드형 동영상 OTT의 성장도 기대할 수 있을 것이다.

글로벌 동영상 OTT 시장의 성장은 모바일 트래픽 데이터를 통해서도 확인할 수 있다. 미국의 정보통신 회사 시스코는 2017년 전 세계 모바일 데이터 트래픽 중 모바일 비디오 데이터 트래픽이 59%이며, 이러한 모바일 데이터 트래픽의 비중은 2022년에 79%까지 증가할 것으로 추정했다(Cisco, 2017). 〈그림 2-5〉에서 제시된 바와 같이 동영상 OTT 시장 규모가 계속 증가한다면 모바일 데이터 트래픽도 함께 폭발적으로 증가할 수밖에 없을 것으로 예상된다.

시장 규모와 성장률 측면에서 매력적인 아시아 동영상 OTT 시장

글로벌 동영상 OTT 시장의 성장 추세를 다룰 때 해외 주요 지역 및 국가별 시장 성장률과 시장 규모를 비교해 보는 것은 의미 있는

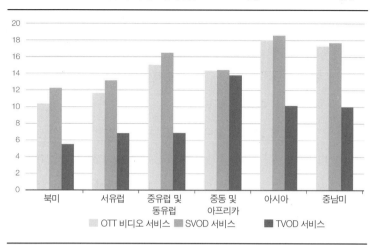

그림 2-6 **동영상 OTT 시장의 지역별 성장률(2018~2023년)** 단위: %

자료: PwC(2019).

작업이다. 현재 글로벌 미디어 기업이 한국에 진출해 국내 시장에
미치는 영향력이 증대되고 있을 뿐만 아니라 한국도 한류 콘텐츠를
통해 해외 시장에 활발히 진출하고 있기 때문이다.

〈그림 2-6〉은 동영상 OTT 시장 성장률을 지역별로 분석한 결과
를 보여준다. 흥미로운 것은 2018년에서 2023년까지 한국이 속한
아시아 지역의 시장 성장률 전망치가 다른 지역에 비해 가장 높게
나타났다는 것이다. 2018년에서 2023년까지 아시아 지역의 평균 성
장률은 17.97%로 나타났다(PwC, 2019). 특히 아시아 지역에서는 동
영상 OTT 서비스 유형 중 SVOD의 성장률이 18.55%로 전체 동영상
OTT 서비스의 시장 성장률 증가를 견인하고 있다. 한국의 경우
2018년에서 2023년까지 예상되는 OTT 비디오 서비스의 평균 성장

률은 19.98%, SVOD 서비스의 평균 성장률은 20.18%로 아시아 지역 평균보다 높은 성장이 예상되고 있으며, 특히 넷플릭스나 왓챠 플레이 같은 SVOD 중심의 시장 성장이 예상되고 있다(PwC, 2019).

미국, 영국, 프랑스, 독일, 일본, 중국, 한국 등 7개국의 동영상 OTT 시장 규모를 비교해 보면 미국이 2018년 기준 307억 달러로 가장 큰 시장을 형성하고 있다. 물론 이 수치는 이 책에서 동영상 OTT 서비스 시장을 정의한 기준에 따라 SVOD, TVOD, PC 기반 인터넷 동영상 광고, 모바일 동영상 광고시장을 합한 규모이다(〈그림 2-7〉 참조).

같은 기준으로 분석할 때 주요 7개 국가 중 미국 다음으로는 중국, 일본, 영국, 독일, 프랑스, 한국 순으로 동영상 OTT 시장 규모가 큰 것으로 평가된다. 하지만 미국과 중국은 다른 5개국에 비해 인구가 많으므로 인구 백만 명당 시장 규모를 추정하는 작업이 필요하다. 인구 백만 명당 시장 규모는 한 국가에서의 동영상 OTT 서비스 확산 규모 및 동영상 OTT 서비스에 대한 개인당 지출을 알 수 있는 지표이다. 인구 백만 명당 동영상 OTT 시장 규모에서는 미국이 여전히 가장 큰 동영상 OTT 시장을 형성하고 있으며, 그다음은 영국, 일본, 독일, 한국, 프랑스, 중국 순으로 평가되었다.

시장 규모 측면에서 볼 때 두 지표 기준에서 모두 미국이 가장 큰 시장 규모를 형성하고 있다. 반면 중국은 전체 시장 규모 기준에서는 두 번째로 큰 시장이지만 인구당 동영상 OTT 서비스의 확산과 동영상 OTT 서비스에 대한 개인별 지출 측면에서는 7개국 중 가장 낮게 평가되었다. 한국의 경우 전체 시장 규모는 2018년 기준 13억

그림 2-7 **주요 국가별 동영상 OTT 시장 규모**　　　　　　　단위: 백만 달러

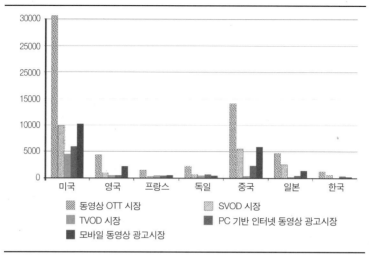

자료: PwC(2019).

7000달러로 7개국 중 가장 작지만, 인구당 동영상 OTT 서비스의
확산과 동영상 OTT 서비스에 대한 개인별 지출 측면에서는 7개국
중 다섯 번째 순위로 평가되었다.[7]

그렇다면 연평균 동영상 OTT 시장의 성장률 측면에서는 어떤 차
이가 있을까? 2018년부터 2023년까지의 연평균 성장률을 추정할 경
우, SVOD와 TVOD 서비스만 합한 동영상 OTT 서비스의 연평균 성
장률은 중국(20.48%), 한국(19.98%), 프랑스(15.18%), 일본(12.07%),
미국(10.35%), 영국(10.34%), 독일(8.9%) 등의 순으로, 아시아권 국

7　물론 이러한 시장 규모적 측면에서의 국가별 순위는 전 세계 모든 나라를 비교하면 달라
　 질 수 있다. 이 책에서는 세계시장에서 영향력이 큰 나라들과 한국을 비교해 보는 것이
　 의미 있다고 판단되어 7개국의 동영상 OTT 시장 규모를 조사했다.

가들의 예상 성장률이 다른 4개국에 비해 상대적으로 높게 평가되었다. 특히 중국의 동영상 OTT 서비스 시장은 모바일 동영상 광고 시장 예상 성장률이 24.17%, PC 기반 인터넷 동영상 광고시장 예상 성장률이 15.57%로, 두 시장 모두에서 7개국 중 1위로 평가되었다.

시장 성장률과 시장 규모를 감안할 때 OTT 서비스를 통해 한류 콘텐츠를 수출하기에는 중국, 동남아시아 등 아시아권이 매우 매력적인 시장임을 알 수 있다.[8]

주요 글로벌 동영상 OTT 사업자의 성장과 영향력 증대

동영상 OTT 시장의 성장과 함께 주요 글로벌 동영상 OTT 사업자의 시장 성과도 점차 커지고 있으며 그 영향력도 계속 증대되고 있다. 〈그림 2-8〉은 2018년 기준 상위 4개 글로벌 동영상 OTT 사업자인 넷플릭스, 유튜브, 훌루, 아마존 프라임 비디오의 글로벌 시장 매출액 현황을 나타낸 것이다.

2018년 기준 전체 글로벌 동영상 OTT 시장은 약 769억 달러 규모로 추정되고 있으며, 2018년의 상위 4개 글로벌 동영상 OTT 기업의 매출액 점유율은 전체 시장 중 38.36%를 차지하고 있다. 이들 기업은 이미 전체 시장의 3분의 1 이상을 점유하고 있으며, 이들 기

---

[8] 2016년 주한미군 사드(THAAD) 배치로 인한 한한령 이후 중국의 자체 제작 등으로 중국 콘텐츠가 빠르게 성장한 측면을 고려한다면 한류 콘텐츠가 당분간 한한령 이전만큼의 시장 성과를 올리기는 어려울 것으로 예상된다(이화정, 2018). 하지만 여전히 중국 OTT 시장을 통한 한류 콘텐츠 수출은 매력적이라고 판단된다. 동남아시아 지역도 그동안 한류가 확산되어 왔으며 동영상 OTT 플랫폼의 성장 가능성이 높다는 측면에서 매력적인 시장이라고 할 수 있다.

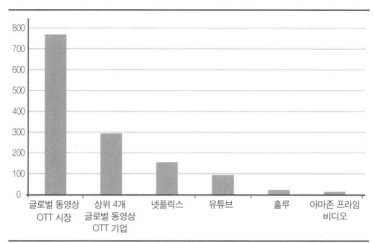

그림 2-8 **상위 4개 동영상 OTT 사업자의 글로벌 시장 매출액(2018년)**　　단위: 억 달러

자료: PwC(2019); Statista(2019); DMR(2019); eMarketer(2019).

업의 매출액 점유율은 2020년 상반기에 40%를 넘어설 것으로 예상
된다.

　가입형 동영상 OTT 서비스의 선두주자인 넷플릭스는 2018년 기
준 매출액이 158억 달러에 달해 전체 동영상 OTT 시장의 20.5%에
해당하는 시장 점유율을 차지하고 있다. 전체 글로벌 동영상 OTT
시장을 광고형을 제외한 시장으로 정의하면 넷플릭스는 매출액 기
준 무려 41.4%의 시장 점유율을 차지하고 있다.

　가입자 수 측면에서 볼 때 넷플릭스의 스트리밍 서비스 가입자 수
는 2017년에 이미 전 세계 1억 명을 돌파했으며, 2019년 6월에는 유
료 가입자 수가 1억 5000만 명을 넘어섰다(Statista, 2019)(그림 〈2-9〉

그림 2-9 넷플릭스의 유료 스트리밍 서비스 가입자 증가 추이   단위: 백만 명

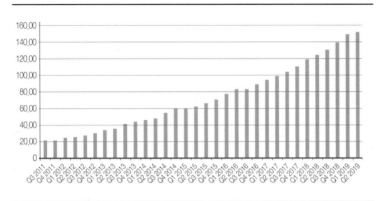

자료: Statista(2019).

참조). 흥미로운 점은 넷플릭스의 스트리밍 서비스가 글로벌 동영상 OTT 시장에서 계속 성장함에 따라 넷플릭스의 스트리밍 서비스 가입자 중 해외 가입자 비율이 계속 증가하고 있다는 것이다. 해외 가입자 비율은 2018년 1월 53%, 2018년 9월 57%, 2019년 7월 60.34%로 빠른 속도로 증가하고 있다.

넷플릭스가 가입자를 대거 확보할 수 있었던 것은 글로벌 스트리밍 서비스를 통해 단계적으로 해외로 진출했기 때문이다. 넷플릭스는 2010년 9월 캐나다에서 스트리밍 서비스를 제공하기 시작했고, 2011년에는 중남미에 진출했다. 2012년에는 영국과 아일랜드, 덴마크, 핀란드, 노르웨이 등 유럽으로 진출했고, 2014년에는 다른 유럽 국가들과 인도로 진출했으며, 2016년에는 아시아 국가들과 동유럽, 아프리카, 중동 등으로 진출했다.

넷플릭스의 글로벌 스트리밍 서비스는 2019년 4월 기준 전 세계 190여 개국에서 제공되고 있고(DMR, 2019), 2018년까지 23개 이상의 언어로 제공된 것으로 알려져 있으며, 2020년 상반기에는 1억 명 이상의 해외 가입자를 확보할 것으로 예상된다. 넷플릭스 이용률이 높은 나라는 2018년 기준 미국(64.5%), 노르웨이(62.4%), 캐나다(56.3%), 덴마크(54.9%), 스웨덴(50.2%), 네덜란드(43.6%) 등 주로 북미와 유럽의 나라들로, 비교적 소득 수준이 높고 브로드밴드 인프라가 잘 갖추어져 있으며 상대적으로 문화적 거리감이 적어 문화적 할인cultural discount[9]으로 인한 장벽이 낮은 나라들이다.

넷플릭스의 매출액 증가 추세를 살펴보면 2019년 말 연 매출액이 210억 달러로 추정되는 등 2014년 이후 매출액이 급격하게 성장하는 추세이다(〈그림 2-10〉 참조). 이러한 매출액 증가는 파격적인 투자를 통한 다양한 콘텐츠 제공이 뒷받침되지 않았다면 가능하지 않았을 것이다. 〈그림 2-10〉에서 알 수 있듯이 넷플릭스는 계속적으로 콘텐츠 투자를 증가시켜 왔다. 2018년 넷플릭스의 연 콘텐츠 투자액은 120억 달러 규모이며, 2019년에는 153억 달러를 오리지널 콘텐츠 제작에 투입한 것으로 추정된다(Statista, 2019).

광고형 동영상 OTT 서비스의 경우, 대표주자인 유튜브는 2018년 추정 매출액이 약 95억 달러이며(〈표 2-2〉 참조), 전체 글로벌 동영상 OTT 시장에서의 점유율은 12.35%이다. 한편 유튜브는 광고형

---

9 일반적으로 문화적 동질성이 적은 나라에서 유입되는 문화상품의 경우 그 가치가 하락하는 현상을 말한다(박소라, 2006). 이는 주로 언어와 관습 등 문화적 장벽에 기인한다.

그림 2-10　**넷플릭스의 매출액 및 콘텐츠 투자액 증가 추이**　　　　단위: 백만 달러

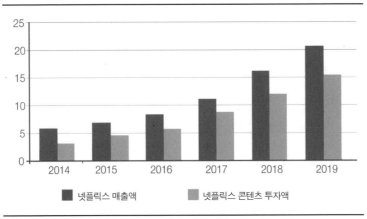

자료: Statista(2019).

글로벌 동영상 OTT 시장에서 2018년 매출액 기준 24.88%의 점유율을 차지했다. 2017년에 유튜브 이용자 수는 전 세계 14억 명을 넘어섰고, 2019년 5월 기준 이용자 수는 20억 명으로 추정된다.

　흥미로운 점은 넷플릭스의 가입형 동영상 OTT 서비스의 매출 동향과 유사하게 유튜브도 전체 광고 매출액 중 글로벌 광고 매출액이 차지하는 비중이 최근 계속 높아지고 있다는 점이다. 유튜브의 글로벌 광고 매출이 차지하는 비중은 2016년 47.7%에서 2017년 50.3%로 증가하면서 미국 시장에서의 광고 매출 비율을 앞서기 시작했고, 2020년에는 53.5%를 차지할 것으로 추정된다(eMarketer, 2018)(〈그림 2-11〉 참조).

　이는 글로벌 동영상 OTT 시장에서 유튜브가 최근 성장하고 있는 추세를 보여주는 단면이라 할 수 있다. 전체 모바일 데이터 트래픽

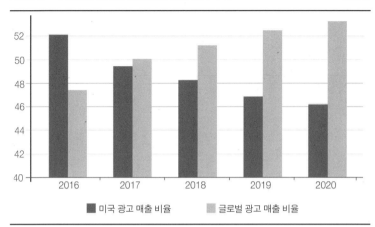

그림 2-11 **유튜브의 글로벌 광고 매출 비율 증가 추이**　　　　단위: %

자료: eMarketer(2018).

에서 유튜브가 이용하는 비율이 2019년에 70% 이상으로 추정될 만
큼 유튜브 이용은 증가 추세이고 글로벌화도 심화되고 있다. 유튜
브 플랫폼을 통해서 2018년 기준 매일 10억 시간 이상의 콘텐츠가
소비되고 있는 것으로 추정된다(DMR, 2019).

　광고형 동영상 OTT 서비스와 함께, 유튜브는 2015년 이후 유튜
브 레드YouTube Red를 통해 유료 동영상 OTT 서비스를 제공하기 시작
했으며, 2017년 2월에는 미국 시장을 대상으로 유튜브 TV를 출시했
다. 유튜브 TV는 2019년 현재 70여 개 이상의 미국의 주요 방송 채
널을 월 49.99달러에 제공 중이다. 미국에서는 가장 흥미로운 스포
츠 이벤트 중 하나인 메이저리그 프로야구 월드시리즈가 2017년에
서 2019년까지 유튜브 TV를 통해 제공되기도 했다. 유튜브는 2018
년 6월 유튜브 프리미엄으로 서비스를 개편하면서 오리지널 콘텐츠

그림 2-12 **유튜브 TV를 통한 2019년 미국 프로야구 월드시리즈 중계**

를 제공하는 전략을 시도했다.

2018년 가입자 수를 기준으로 볼 때 가입형 동영상 OTT 서비스의 2위 사업자는 아마존의 프라임 비디오 서비스이다. 프라임 비디오 서비스는 2018년 추정 매출액이 약 17억 달러이며(〈표 2-2〉 참조), 2018년 매출액 기준 전체 글로벌 동영상 OTT 시장의 2.21%에 해당하는 시장 점유율을 차지하고 있다. 전 세계 가입자 수는 2019년 7500만 명을 넘어섰고 가입자의 대부분은 미국인인 것으로 추정되고 있다.

아마존은 초기에는 전자상거래 서비스 멤버십 서비스인 아마존 프라임 서비스를 제공하면서 동시에 동영상 OTT 서비스를 제공해 왔으나 2016년 4월부터는 독립적인 가입형 동영상 OTT 서비스인 아마존 프라임 비디오를 제공해 오고 있다. 2017년 기준 미국 가구의 64%가 아마존 프라임 전자상거래 서비스를 이용하고 있는 것을

표 2-2 **주요 글로벌 동영상 OTT 서비스의 유형과 시장 현황**

서비스 사업자	서비스 유형	매출액 (2018)	가입자 수(2019)	투자액
넷플릭스	가입형(SVOD)	158억 달러	1억 6000만 명 (12월 기준)	150억 달러 (2019년)
유튜브	광고형(AVOD)*	95억 달러	20억 명(5월 기준)	1억 달러(2018년)
아마존 프라임 비디오	가입형(SVOD)**	17억 달러	7500만 명(6월 기준)	70억 달러(2019년)
훌루***	혼합형(Hybrid)	25억 달러	2800만 명(3월 기준)	25억 달러(2018년)
디즈니 플러스	가입형(SVOD)		2019년 11월 시장 출시 / 2600만 명(12월 기준)	50억 달러 (2019~2020년)
애플 TV 플러스	가입형(SVOD)		2019년 11월 시장 출시	60억 달러(2019년)

* 주된 동영상 OTT 서비스 유형은 광고형이지만 2018년부터 유튜브 프리미엄을 통해 유료 가입형 모델을 도입함
** 전문 PP와 1인 미디어 서비스를 동시에 제공함
*** 훌루는 2019년 상반기까지는 미국과 일본에서만 서비스를 제공했으나 전 세계로 서비스를 확대할 예정임
자료: Statista(2019); DMR(2019); Business Insider(2018); eMarketer(2019).

고려하면, 아마존 프라임 비디오 서비스는 미국에서의 아마존 전자 상거래 서비스의 성공에 기반을 두고 있다고도 볼 수 있다. 아마존 프라임 비디오는 최근에 가입형 동영상 OTT 서비스와 함께 아마존 비디오 다이렉트Amazon Video Direct를 통해 1인 미디어가 제작하는 콘텐츠도 동시에 제공하는 전략을 활용하고 있다(한국방송통신전파진흥원, 2017).

훌루는 넷플릭스와 경쟁하기 위해 NBC, 21세기폭스 엔터테인먼트, ABC가 연합해 2008년 출시한 동영상 OTT 서비스로, 가입형과 광고형을 동시에 추구하는 혼합형 서비스이다. 훌루는 2019년 1분기 기준 2800만 명의 유료 가입자를 확보한 것으로 추정되며(〈표 2-2〉 참조), 2018년까지는 미국, 일본에서만 서비스가 제공되었으나 2019년

이후로는 전 세계로 서비스를 확대할 예정이다(이상원, 2019).

홀루는 2018년 매출액 기준 글로벌 동영상 OTT 시장의 3.25%에 해당하는 시장 점유율을 차지하고 있다. 2019년 5월 미국의 디즈니는 미국 국내 유료 동영상 OTT 서비스 3위 사업자인 홀루의 지분을 전부 확보함으로써 홀루의 경영권을 장악했다. 디즈니가 홀루의 경영권을 장악한 것은 미국 및 글로벌 동영상 OTT 시장에서 향후 넷플릭스와 경쟁하기 위한 포석으로 보인다(이상원, 2019).

한편 글로벌 동영상 OTT 시장에서는 기존의 동영상 OTT 서비스와 경쟁할 수 있는 새로운 동영상 OTT 서비스가 최근 출시되었다. 미국의 대표적인 콘텐츠 기업 디즈니는 2019년 11월 12일 가입형 동영상 OTT 서비스인 디즈니 플러스 서비스를 출시했다. 디즈니 플러스는 당초 36개월 약정에 209.99달러로 가격을 책정했지만, 2019년 11월 서비스를 출시하기 이전 선주문에 관해서는 더 낮은 요금인 36개월 약정에 169.99달러(월 4.72달러)로 가격을 책정했다.

디즈니 플러스의 출시 가격은 가입형 경쟁 동영상 OTT 서비스인 넷플릭스의 기본형 서비스 요금 8.99달러의 52.5% 수준이며, 2019년 11월 1일에 조금 먼저 출시된 애플 TV 플러스Apple TV Plus의 요금 4.99달러보다도 낮은 수준이다. 디즈니 플러스에서는 25편의 오리지널 시리즈, 10편의 영화 등 오리지널 콘텐츠, 기타 영화 500편, 기존의 디즈니 콘텐츠 7000여 편이 제공되고 있다(이상원, 2019). 디즈니 플러스는 2019년 12월까지 2600만 명 이상의 가입자를 확보한 것으로 추정된다. 디즈니는 디즈니 플러스 오리지널 콘텐츠 제작에 2019년부터 2020년까지 50억 달러를 투자할 예정이다.

그림 2-13 **2019년 11월 출시된 디즈니 플러스**

자료: 디즈니 플러스.

콘텐츠 기업인 디즈니가 디즈니 플러스를 통해 가입형 동영상 OTT 서비스 시장에 진입한 것과 거의 동시에 미국의 대표적인 IT 기업 애플도 2019년 11월 1일 애플 TV 플러스를 통해 가입형 동영상 OTT 시장에 진출했다. 애플 TV 플러스의 동영상 시장 진출은 아이폰, 아이패드, 맥Mac 및 애플의 애플리케이션을 적용하는 기기 등 전 세계에서 사용되는 14억 개의 애플 디바이스를 광범위한 네트워크로 활용한다는 사업전략에 기초한다(이상원, 2019).

애플 TV 플러스의 출시 가격은 월 4.99달러로 넷플릭스보다 낮으며, 디즈니 플러스와도 경쟁할 수 있는 저렴한 수준이다. 애플 TV 플러스는 HBO, 쇼타임Showtime, 스타즈Starz 등 다양한 미국 프리미엄 케이블 채널과 자체 제작 오리지널 콘텐츠를 제공하고 구독 수수료를 받는 가입형 동영상 OTT 서비스이다. 기존 동영상 OTT 서비스와의 경쟁을 위해 애플은 우주 개발을 둘러싸고 벌어지는 국가 간

경쟁을 다룬 역사 드라마 시리즈 〈포 올 맨카인드For All Mankind〉와 오
프라 윈프리가 출연하는 다큐멘터리 등 오리지널 콘텐츠에 2020년
까지 60억 달러를 투자할 예정이라서 미국과 글로벌 동영상 OTT 시
장에서의 오리지널 콘텐츠 경쟁은 점차 치열해질 것으로 예상된다.

국내 동영상 OTT 서비스 시장의 변화

글로벌 동영상 OTT 시장과 유사한 흐름

앞서 언급한 바와 같이 국내에서 동영상 OTT 서비스는 '전기통
신사업법'상 '부가통신역무'를 제공하는 서비스로 분류되어 기존에
방송이나 통신서비스를 제공하는 사업자처럼 허가 사업자가 아니
다. 따라서 방송 및 통신시장의 경쟁상황을 평가하는 데서 주로 이
용되는 사업자별 시장 점유율, 가입자 수 및 총매출액 등에 대한 공
식 데이터는 현재까지 찾아보기 어렵다.[10]

국내 동영상 OTT 시장 규모에 대한 데이터는 PwC(2019)에서 추
정한 데이터가 거의 유일하다. PwC(2019)에서 추정한 데이터를 활
용해 거래형과 가입형을 합한 OTT 비디오 시장과 동영상 OTT 광
고시장의 규모를 파악한 결과, 2018년 국내 동영상 OTT 시장 규모

---

10 2016년 방송시장 경쟁상황 평가에서는 2016년 국내 동영상 OTT 시장 규모를 4884억 원
규모로 추정하고 있다(방송통신위원회, 2016). 여기서 언급된 동영상 OTT 시장 규모는
광고형 동영상 OTT 서비스 시장을 제외한 수치이다. 하지만 이 글에서는 가입형, 거래형
및 광고형을 포함한 시장을 동영상 OTT 시장으로 간주하므로 2016년 국내 동영상 시장
규모는 4884억 원보다 더 클 것으로 판단된다.

그림 2-14 **국내 동영상 OTT 서비스의 시장 규모 추이** 단위: 백만 달러

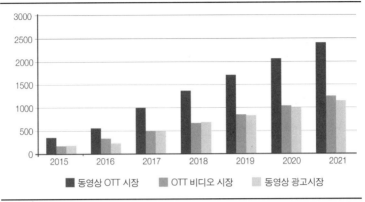

자료: PwC.

는 13.7억 달러(약 1조 5200억 원) 이상으로 추정된다. 이 중 OTT 비디오 시장은 6.8억 달러(약 7550억 원), 동영상 OTT 광고시장은 6.9억 달러(약 7660억 원) 규모로 파악된다(〈그림 2-14〉 참조).

PwC(2019) 데이터에서 흥미로운 점은 2019년을 기점으로 가입형과 거래형 등 OTT 비디오 시장의 규모가 동영상 광고시장의 규모보다 더 커질 것으로 예상하고 있다는 점이다. 특히 PwC(2019)는 2018년부터 2023년까지 가입형 동영상 OTT 서비스의 성장률이 20.18%로 거래형 OTT 서비스의 같은 기간 성장률인 8.85%보다 2배 이상 높을 것으로 예상했다. 광고형 동영상 OTT 서비스의 경우 2018년부터 2023년까지 모바일을 통한 광고형 동영상 OTT의 성장률은 19.89%, PC 기반 동영상 인터넷 광고형의 성장률은 12.58%일 것으로 추정했다. 이는 국내에서도 당분간 글로벌 동영상 OTT 시장과

같은 추세로 가입형 동영상 OTT 시장과 모바일을 통한 광고형 동영상 OTT 서비스가 빠른 규모로 확장되어 전체 동영상 OTT 시장의 성장을 이끄는 주요 동인으로 작용할 것임을 암시하는 것이다.

그러나 PwC의 국내 동영상 OTT 시장 규모 추정에서는 주의해야 할 측면이 존재한다. 하나는 PwC의 데이터가 얼마나 정확한가 하는 것이고, 다른 하나는 글로벌 추세가 국내 동영상 OTT 시장에도 그대로 적용될 수 있는가 하는 것이다. 국내에서 허가된 방송 및 통신사업자의 시장 매출도 정확하게 측정하기 어렵다는 점을 고려한다면 PwC 데이터에는 어느 정도 한계가 존재한다고 봐야 할 것이다. 하지만 넷플릭스와 같은 가입형 동영상 OTT 서비스에 대한 이용자 수가 국내에서도 지속적으로 증가하고 동영상 OTT 서비스 시장이 가입형을 중심으로 재편되고 있는 점, 유튜브와 같은 글로벌 광고형 동영상 OTT 서비스가 모바일 이용을 중심으로 확산되고 있는 점 등을 고려한다면 국내에서도 동영상 OTT 서비스의 성장을 당분간 가입형 동영상 OTT 서비스와 모바일을 통한 광고형 동영상 OTT 서비스가 주도할 것이라는 추정은 시장의 성장 방향을 어느 정도 제시해 준다고 볼 수 있다.

시장 규모의 성장과 함께 국내 시장에서의 동영상 OTT 서비스의 이용률도 지속적으로 증가하고 있다. 2018년 기준 동영상 OTT 서비스의 국내 이용률은 42.7%로 2016년 35.0%, 2017년 36.1%에 비해 증가하고 있다(방송통신위원회, 2018a). 특히 연령층별로 보면 10대 71.1%, 20대 78.4%, 30대 64.2% 등 10~30대의 동영상 OTT 서비스 이용률이 모든 인구의 평균 이용률보다 훨씬 높게 나타남으로써 주로 젊은 연령층에서 동영상 OTT가 빠르게 성장하고 있음을 알 수 있다(방송통신위원회, 2018a).

동영상 OTT 서비스를 이용하는 기기로는 스마트폰으로 시청하는 경우가 93.7%로 가장 높았으며, 그다음으로 데스크톱 PC(8.2%), 노트북(5.2%)의 순으로 나타났다(방송통신위원회, 2018a). 동영상 트래픽의 성장률 측면에서 볼 때도 국내 모바일 동영상 트래픽의 성장률은 2015년에서 2018년까지 평균 41%로, 스마트폰과 같은 모바일 기기를 통한 동영상 OTT 서비스 이용이 급격하게 성장하고 있다(과학기술정보통신부, 2018).

2018년 방송매체 이용행태 조사에 따르면 국내에서는 2018년 기준 유튜브(38.4%), 페이스북(11.5%), 네이버 TV(7.1%) 등 광고형 동영상 OTT 서비스의 이용률이 넷플릭스와 같은 유료 가입형 OTT 서비스 이용률보다 상대적으로 높은 것으로 나타났다(방송통신위원회, 2018a).

국내 주요 동영상 OTT 서비스의 성장과 변화

국내의 주요 동영상 OTT 서비스는 통신 및 종합유선방송사업자 등 기존의 유료방송사업자, 지상파방송사업자, 플랫폼 서비스 사업자 등 다양한 사업자에 의해 제공되고 있다. 국내 동영상 OTT 시장에서도 앞서 언급한 광고형, 가입형, 혼합형 등의 서비스가 존재한다.

이용률 측면에서 볼 때 2018년 기준 글로벌 광고형 동영상 OTT 서비스인 유튜브, 페이스북과 국내 광고형 동영상 OTT 서비스인

그림 2-15 **국내 주요 동영상 OTT 서비스의 이용률**   단위: %

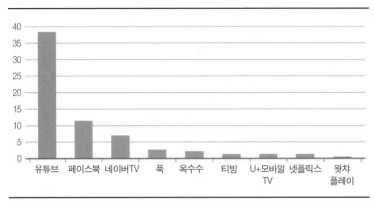

자료: 정보통신정책연구원(2019).

네이버 TV의 이용률이 각각 38.4%, 11.5%, 7.1%로 가장 높은 수준이다(〈그림 2-15〉, 〈표 2-3〉 참조). 주요 가입형 및 혼합형 서비스 중에서는 2018년 기준 푹과 옥수수의 이용률이 각각 2.6%, 2.2%로 높은 편이었고, 티빙, U+모바일 TV, 넷플릭스의 이용률은 1.3%로 비슷한 편이었다. 이용률 측면에서는, 고객 한 명당 이윤을 창출하지만 가능한 이윤이 상대적으로 적은 광고형 동영상 OTT 서비스에 대한 이용이 국내 시장에서는 더 높은 것을 알 수 있다.

가입형 동영상 OTT 서비스 중 글로벌 사업자의 서비스인 넷플릭스의 동영상 OTT 서비스 이용률은 2018년 기준 1.3%에 불과했다. 하지만 2018년 12월 90만 명이던 이용자 수가 2019년 2월 153만 명으로 불과 3개월 동안 63만 명 이상 증가했다. 이를 고려하면 넷플릭스가 향후 국내 동영상 OTT 시장에서 가입형 동영상 OTT 서비스의 강자가 될 가능성이 충분하다.

표 2-3 **국내 주요 동영상 OTT 서비스의 유형과 시장 현황**

서비스 사업자	서비스 유형	주요 콘텐츠	추정 서비스 이용률 (2018년 기준)	최근 변화
유튜브	광고형 (AVOD)	UCC 및 기존 방송콘텐츠	38.4%	· 2017년부터 스카이라이프 및 CJ 헬로비전과 전략적 제휴 · 2018년부터 유튜브 프리미엄 서비 스 출시
네이버 TV	광고형 (AVOD)	방송 및 웹 전용 콘텐츠	7.1%	· 2018년 국내 사업자 중 광고형 동 영상 OTT 서비스 이용률 1위
페이스북	광고형 (AVOD)	UCC 및 기존 방송콘텐츠	11.5%	· 2018년 글로벌 사업자 중 국내 광 고형 동영상 OTT 서비스 이용률 2위
웨이브	혼합형 (Hybrid)	실시간 채널 및 영화, 드라마 등 VOD 제공	푹: 2.60% 옥수수: 2.22%	· 2019년 9월 지상파 3사 푹과 SK텔 레콤 옥수수가 통합된 서비스로 출시 · 2019년 10월 동남아 7개국에서 웨 이브고 서비스 출시
넷플릭스	가입형 (SVOD)	영화, 드라마 등 VOD 제공	1.3%	· 2018년 5월 통신사업자 LGU+와 전략적 제휴
티빙	혼합형 (Hybrid)	실시간 채널 및 영화, 드라마 등 VOD 제공	1.3%	· 2019년 9월 종편 JTBC와 MOU 체 결 · 2020년 JTBC와 통합 OTT 서비스 출시 예정
U+모바일 TV	혼합형 (Hybrid)	실시간 채널 및 영화, 드라마 등 VOD 제공	1.3%	· 2018년 5월 LGU+와 넷플릭스 간 전략적 제휴
왓챠 플레이	가입형 (SVOD)	영화, 드라마, 교양 등 VOD 제공	0.37%	· 2017년 100만 앱 다운로드 · 2022년 기업공개(IPO) 예정

자료: 방송통신위원회(2018b), 정보통신정책연구원(2018), 정보통신정책연구원(2019) 자료를 재구성.

넷플릭스는 2016년 1월 국내 동영상 OTT 시장에 진출한 이후 케이블 서비스 사업자인 딜라이브 및 CJ 헬로비전과 전략적 제휴를 맺었다. 한편 2018년 5월에는 국내 통신사업자인 LGU+와 전략적 제휴를 맺으면서 PIP Platform in platform 방식으로 U+TV를 통해서도 서비스를 제공하기 시작했다.

흥미로운 점은 향후 국내 시장에서 넷플릭스가 성장할 가능성에 관한 2018년 설문조사에서 '이용률이 상승해 압도적으로 중요한 서비스가 될 것'이라고 응답한 비중이 24.8%, 'OTT 시장에서 꽤 비중 있는 서비스가 될 것' 57.8%, '별다른 영향력이 없을 것' 17.4%로 나타나 넷플릭스가 국내 동영상 OTT 시장에서 영향력 있는 서비스가 될 것이라는 예측이 82.6%로 상당히 높은 비중을 차지했다는 점이다(방송통신위원회, 2018b).

광고형 글로벌 동영상 OTT 사업자인 유튜브는 국내에서 2017년부터 스카이라이프 및 CJ 헬로비전과 전략적 제휴를 맺었고, 2018년에는 유튜브 프리미엄 서비스 출시를 통해 실험적으로 유료 서비스를 도입했으며, 국내에서 이용률이 증가함에 따라 2019년에는 국내 스마트폰 이용자가 가장 오래 사용하는 애플리케이션이 되었다(와이즈앱, 2019).

넷플릭스와 유튜브 같은 글로벌 동영상 OTT 사업자들의 국내 시장 진출로 인해 자체 제작이 확대되고 한국 콘텐츠 수급이 늘어나는 등 방송프로그램 제작 및 거래 시장이 늘어나고 있을 뿐만 아니라 국내 동영상 광고시장에 대한 이들의 영향력도 증가하고 있어서 이에 대한 면밀한 분석이 요구된다.

국내 동영상 OTT 시장에서 글로벌 동영상 OTT 사업자가 미치는 영향력이 증대되면서 기존의 국내 동영상 OTT 사업자들은 대형 글로벌 동영상 OTT 사업자와 경쟁하기 위해 국내 사업자들 간의 전략적 제휴를 통해 대응하거나 대형 글로벌 동영상 OTT 사업자와 전략적 제휴를 맺는 방식을 취하기 시작했다.

국내 사업자들 간의 전략적 제휴로는 2019년 9월 지상파 3사 연합 동영상 OTT 서비스인 푹Pooq과 SK텔레콤의 동영상 OTT 서비스인 옥수수Oksusu가 통합 서비스 웨이브를 출시한 것을 들 수 있다. 웨이브는 80여 개의 실시간 채널 및 영화, 드라마 등 VOD를 제공하는 '혼합형' 동영상 OTT 서비스를 제공하고 있으며, 2019년 10월에는 동남아시아 7개국에 진출하면서 해외 스트리밍 서비스인 '웨이브고Wavve go'를 출시했다. 웨이브는 2019년 9월에 264만 명의 사용자를 확보했다.

또한 혼합형 동영상 OTT 서비스인 CJ E&M의 티빙은 2019년 9월 종편 사업자인 JTBC와 MOU 체결을 맺었으며, 2020년에는 JTBC와 통합 OTT 서비스를 출시할 예정이다. 웨이브가 기존 지상파 통신 사업자 간의 전략적 제휴인 데 비해, CJ E&M과 JTBC의 통합 동영상 OTT 서비스는 종편 사업자와 일반 PP 간의 전략적 제휴라는 점에서 다르다.

국내 동영상 OTT 시장의 변화와 함께 향후 국내 동영상 OTT 시장을 '소용돌이의 장turbulent field'으로 만들고 더욱 예측하기 어렵게 만드는 요소는 디즈니와 같은 대형 글로벌 콘텐츠 기업이 글로벌 동영상 OTT 시장에 진출하는 움직임이다. 전술한 바와 같이 디즈니는 2019년 11월에 이미 디즈니 플러스 서비스를 미국에서 출시했고, 2020년부터 글로벌 시장 진출을 시작해 2021년까지 북미, 유럽, 아시아 태평양 등 전 세계로 서비스를 확장할 계획이다. 따라서 국내 시장에서도 디즈니 플러스 서비스를 출시할 계획이며, 국내 동영상 OTT 사업자들과의 전략적 제휴도 모색 중이다.

디즈니 플러스는 기존의 디즈니 콘텐츠 7000여 편과 더불어 제작

중인 오리지널 콘텐츠 등을 제공할 예정이다(이상원, 2019). 2018년 세계 영화 흥행 순위 1위부터 5위까지에 디즈니 작품이 〈어벤져스: 인피니티 워Avengers: Infinity War〉, 〈블랙 팬서Black Panther〉, 〈인크레더블 2Incredibles 2〉 세 개 오르는 등 디즈니의 콘텐츠 파워를 고려하면 디즈니 플러스의 출시와 해외 진출이 한국을 포함한 글로벌 OTT 시장에 미치는 영향은 상당히 클 것으로 보인다(이상원, 2019).

이와 같이 국내 동영상 OTT 시장은 큰 변화에 직면해 있다. 이처럼 빠르게 변화하는 동영상 OTT 시장을 가늠하기 위해서는 규모 및 범위의 경제를 추구하는 다양한 형태의 사업자 간 전략적 제휴가 시장에서 어떤 성과를 가져올 것이며 어떤 전략으로 글로벌 사업자와 경쟁하는 것이 바람직한지에 대한 분석도 필요하다.

OTT 서비스가 방송시장에 미치는 영향

경제성장과 발전과정에서 창조적 파괴를 통한 기술혁신의 역할을 강조한 조지프 슘페터Joseph Schumpeter는 자신의 저서 『자본주의, 사회주의, 민주주의Capitalism, Socialism and Democracy』에서 혁신에 관해 다음과 같이 언급했다.

목탄 용광로에서 오늘날의 화력 용광로에 이르는 철강산업의 생산 설비의 역사는 혁신의 역사이다. 수차에서 현대적 발전소에 이르는 전력회사의 설비 역사 또한 그러하며, 우편 마차에서 항공기에 이르는 수송산업의 역사도 마찬가지이다. 국내외 새로운 시장의 개발, 직인 조합, 공장, 오늘날의 U.S. 스틸 같은 대기업에 이르기까지의 회사 조직 발달은 '산업상의 돌연변이industrial mutation' ― 이런 생물학 용어가 적절해 보인다 ― 의 동일한 과정을 예증한다. 이 과정은 내부로부터 경제구조를 혁명적으로 꾸준히 변화시키면서, 낡은 것을 파괴하고 새로운 것을 창조한다. 이 창조적 파괴의 과정이 자본주의의 핵심적 사항이다(Schumpeter, 1942).

이와 같이 슘페터는 기술 발달이 자본주의의 원동력 역할을 한다고 강조한 마르크스의 이론을 더욱 발전시켜, 새로운 생산 기술·제품·시장을 창조하는 기업가의 혁신을 통해 자본주의가 발달한다고 주장했다(장하준, 2014).

최근 미디어 산업의 대표적인 혁신 콘텐츠 서비스인 동영상 OTT 서비스도 78년 전 슘페터가 주장했던 '산업상의 돌연변이'라고 볼 수 있지 않을까? 미디어 산업의 돌연변이인 동영상 OTT 서비스의 성장은 현재 기존 방송산업에 큰 변화를 예고하고 있다. 가장 두드러진 변화 중 하나는 동영상 OTT 서비스의 등장으로 인해 기존 방송콘텐츠산업의 가치사슬 요소들이 결합되고 있는 것이다. 즉, 동영상 OTT 서비스가 등장한 이후 콘텐츠와 플랫폼, 온라인과 오프라인, 콘텐츠 생산과 소비 등의 경계가 점차 모호해지고 있는 것이다(한국콘텐츠진흥원, 2017).

예를 들어 동영상 OTT 서비스는 방송사/제작사의 콘텐츠 제작, 채널사업자의 편성, 지상파 및 유료방송 방송플랫폼 사업자의 송출 등 기존 방송콘텐츠산업이 지닌 가치사슬 요소의 전통적인 단계를 모호하게 만들고 있다(미래에셋대우 리서치센터, 2017). 동영상 OTT 사업자들이 플랫폼 사업자로 기능하면서 한편으로는 기존의 제작, 편성 및 유통을 수직계열화하고 있기 때문이다. 방송시장에서의 이러한 변화는 동영상 OTT 서비스가 글로벌 유료방송시장 생태계의 문법을 다시 쓰고 있다고도 할 수 있다.

여기서는 동영상 OTT 서비스가 기존 방송시장에 미치는 영향을 유료방송 플랫폼 시장, 프로그램 제작 및 거래 시장, 방송광고시장으로 나누어 분석해 본다.

OTT 서비스가 유료방송 플랫폼 시장에 미치는 영향

슘페터가 제시했듯이 창조적 파괴의 과정을 거친 혁신은 내부로부터 경제구조를 혁명적으로 꾸준히 변화시키면서 낡은 것을 파괴하고 새로운 것을 창조한다. 동영상 OTT 서비스가 기존의 방송산업을 근본적으로 변화시킨다는 주장에는 아직 동의하기 어려울 수도 있지만, 동영상 OTT 서비스가 기존의 유료방송 서비스와 당분간 시장에서 공존하고 향후에는 기존의 허가사업자가 제공하는 유료방송 서비스를 어느 정도 대체할 가능성은 충분하다.

이러한 '대체 가능성'에 대해 넷플릭스의 최고 경영자인 리드 헤이스팅스Reed Hastings, Jr.는 그동안 "TV 방송시대는 2030년까지만 지속될 것이다", "앞으로 10~20년 뒤에 사람들은 '리니어 채널'이 있었다는 사실에 매우 놀랄 것이다", "그들에게 그것은 완전히 낯선 과거가 될 것이다"라고 장담해 왔다. 현재 미국 유료방송시장의 상황

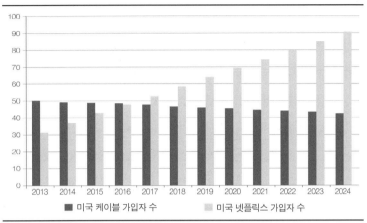

그림 2-16 **미국 케이블TV와 넷플릭스의 가입자 수 추이**　　　　　　단위: 백만 명

■ 미국 케이블 가입자 수　　　■ 미국 넷플릭스 가입자 수

자료: Back(2019).

을 보면 헤이스팅스의 장담이 허언이 아님을 알 수 있다.

　글로벌 시장조사기관인 스태티스타(Statista, 2017)에 따르면 미국 내 넷플릭스 가입자 수는 케이블TV 가입자 수를 2017년에 이미 추월한 것으로 나타났다. 또한 미국 유료방송시장에서 현재의 추세가 계속된다면 넷플릭스는 2024년까지 미국의 주요 케이블 가입자의 2배에 달하는 가입자를 확보하게 될 것이라는 전망도 제기된다 (Back, 2019)(〈그림 2-16〉 참조).

　넷플릭스가 미국 시장에서 2024년까지 주요 케이블 서비스 가입자의 2배에 달하는 가입자를 확보하지 못하더라도 최근의 동영상 OTT 서비스의 성장을 고려하면 아마존이나 유튜브 TV처럼 유료 콘텐츠를 제공하는 동영상 OTT 서비스의 가입자를 포함한 전체 유료 동영상 OTT 서비스의 가입자 수가 조만간 기존 미국 주요 케이블 서비스 가입자 수의 2배가 될 가능성은 매우 높다. 실제로 오범(Ovum, 2017)은 이미 2017년 컨설팅 보고서에서 2022년에 미국의 가입형 동영상 OTT 서비스svod 가입자 수가 기존의 유료방송 서비스 가입자 수의 2배에 달할 것이라는 예측을 제시한 바 있다.

동영상 OTT 서비스에 의해 유료방송이 대체되는 이와 같은 현상은 '코드 커팅Cord-cutting', '코드 셰이빙Cord-shaving', 코드 네버Cord-never' 같은 새로운 용어를 유행하게 만들었다. '코드 커팅'은 유료방송 가입회선(코드)을 자른다는 뜻으로 '유료방송 서비스 해지'를 의미하고, '코드 셰이빙'은 유료방송 서비스 가입자가 저가 유료방송 패키지를 선택함으로써 유료방송에 지불하는 요금수준을 낮추는 현상을 의미한다(한국방송통신전파진흥원, 2014). 또한 '코드 네버'는 인터넷을 통한 동영상 시청에 익숙해 기존의 유료방송 서비스를 이용해본 적이 없는 이용자를 의미한다.

유료방송 서비스 이용자의 이 같은 행태 변화는 결국 이용자의 선택권을 확장해 원하는 콘텐츠만 봄으로써 가격 대비 효용을 증대시키려는 행동이라고 해석할 수 있다. 이러한 맥락에서 다음과 같은 사실에 주목해야 한다. 첫째, 정부와 규제기관의 관점에서는 여러 가지 공익적 관점을 견지하되 소비자의 선택권을 보장하는 측면에서 정책과 규제가 설계될 필요가 있다. 둘째, 기업의 관점에서는 동영상 OTT 서비스와 기타 유료방송 서비스를 제공하면서 소비자의 선택권을 최대한 확대할 수 있는 서비스도 제공하는 '맞춤형 콘텐츠 전략'과 이를 뒷받침할 수 있는 가격전략이 향후 점점 중요해질 것이다.

그림 2-17 **글로벌 유료 동영상 OTT 서비스와 유료방송 수신료의 매출 추이**

단위: 백만 달러

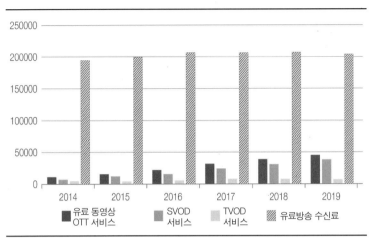

자료: PwC(2019).

   그렇다면 미국이 아닌 다른 나라에서도 동영상 OTT 서비스가 현재 유료방송 서비스의 대체재라고 볼 수 있는가? 이 질문에 대해서는 시간의 흐름에 따라 시장 상황과 여건이 달라질 수 있기 때문에 바로 결론을 내리기는 매우 어렵다. 하지만 현재 국내 유료방송 서비스 시장의 상황과 서비스 이용자의 행태를 분석한다면 어느 정도 답을 가늠해 볼 수 있을 것이다.

   〈그림 2-17〉의 글로벌 유료 동영상 OTT 서비스와 유료방송 수신료 매출 추이를 보면 2014년 이후 글로벌 시장에서 SVOD와 같은 유료 동영상 OTT 서비스는 비교적 빠르게 성장하고 있다. 반면, 유료방송 수신료 매출은 2014년에서 2017년까지 완만한 증가세를 보이다가 2018년부터는 매우 완만한 감소세를 보이고 있다. 이러한 매

출액 통계 데이터로 볼 때 전 세계적으로 동영상 OTT 서비스가 초기에는 대체재라기보다는 보완재에 가까웠지만, 2018년 이후부터는 기존의 유료방송 서비스를 조금씩 대체해 갈 가능성을 보여준다.

물론 이러한 추세가 더 오랜 기간 지속되어야 두 서비스 간의 분명한 관계를 알 수 있을 것이다. 지금은 완전히 동일한 시장이므로 같은 규제를 해야 하는 상황이라고 말하기는 어렵다. 즉, 현재로서는 글로벌 시장 상황이 규제를 적용하기보다는 모니터링할 필요가 있는 단계에 들어섰다고 보는 것이 현명하다. 물론 전술한 바와 같이 이러한 시장 상황도 시간이 흐름에 따라 바뀔 수 있을 것이다.

이 같은 글로벌 시장의 상황이 국내에도 적용될까? 국내 시장이 더 중요한 이유는 기존 유료방송시장과 동영상 OTT 시장에 관한 상황이 나라별로 다르므로 각 나라에 적합한 정책이 필요하기 때문이다. 〈그림 2-14〉에서 살펴본 바와 같이 국내 동영상 OTT 시장은 매출액 기준으로 볼 때 그동안 다른 나라와 유사하게 성장해 왔다. 그렇다면 국내의 기존 유료방송시장의 성장은 어떠한가?

〈그림 2-18〉에서 확인할 수 있듯이 최근 10년(2008~2017년) 동안 유료방송 서비스 가입자는 계속 증가해 왔다. 즉, 국내 유료방송 서비스는 그동안 계속해서 성장해 온 것이다. 물론 성장률이 예전보다 낮아지기는 했지만 가입자 수 측면에서 보면 꾸준히 성장하고 있으며 최근 10년 동안은 IPTV의 성장이 국내 유료방송시장 성장을 견인해 왔다. 다만, IPTV가 국내에 도입된 이후로는 IPTV 서비스가 케이블 서비스를 대체해 왔다. 따라서 가입자 수 측면에서 볼 때 동영상 OTT 서비스가 국내 유료방송시장에 미치는 영향은 미국

그림 2-18 **국내 유료방송 서비스의 가입자 추이**

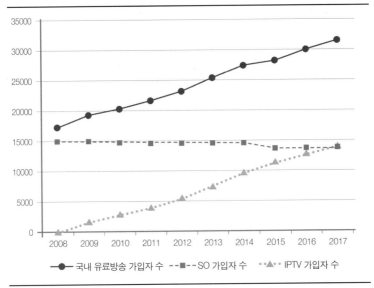

자료: 방송통신위원회(2016).

과는 상당히 다른 양상을 보여왔다.

국내에서도 동영상 OTT 서비스의 빠른 성장이 예측되고 있어서 장기적으로는 글로벌 시장과 같이 동영상 OTT 서비스가 유료방송 서비스를 대체할 가능성이 있지만, 현재로서는 동영상 OTT 서비스가 유료방송 서비스를 강하게 대체하고 있다고 보기 어렵다. 그러나 장기적인 시장 추세와 글로벌 시장의 흐름 등을 고려하면 국내에서도 동영상 OTT 시장을 모니터링할 필요는 있다.[11] 오랜 기간

---

11   이러한 관점에서 과학기술정보통신부가 실시하기로 한 가칭 '부가통신사 시범 실태조사'

모니터링하지 않거나 관련 데이터를 수집하지 않으면 중요한 정책적 판단에서 오류를 범할 가능성이 높기 때문이다.

정보통신정책연구원은 2018년 기존 유료방송 서비스에 대한 동영상 OTT 서비스의 대체성에 관한 연구를 진행했는데, 그 조사 결과가 흥미롭다. 정보통신정책연구원이 유료방송 서비스 이용자를 대상으로 실시한 설문조사(N=1591) 결과에 따르면, 유료방송 서비스 가입자의 27.8%는 'OTT 서비스 중 유료방송 서비스를 대체할 서비스가 있다'라고 응답했다(방송통신위원회, 2018b).

흥미로운 점은 국내 주요 유료방송 서비스 플랫폼인 IPTV와 디지털 케이블TV 가입자 가운데 'OTT 서비스 중 유료방송 서비스를 대체할 서비스가 있다'라고 응답한 비중은 다른 서비스 가입자에 비해 비교적 낮게 나타났다는 점이다(IPTV 24.1%, 디지털 케이블 25.8%, 위성 30.3%, 8VSB 33.3%)(방송통신위원회, 2018b).

'유료방송 서비스 대신 선택할 만한 OTT 서비스가 없다'라고 응답한 경우, 그 이유로는 '제공 채널 부족'이 29.4%로 가장 높은 비중(1순위 기준)을 차지했다. 중복응답(2순위까지) 기준으로는 '제공 채널 부족'이 44.7%로 가장 높고, 'TV로 볼 수가 없어서' 34.7%, '유료방송 서비스만큼 안정적이지 않아서' 22.3%, '가격이 비싸서' 21.6%, '유료방송 서비스만큼 편리하지 않아서' 20.9% 순으로 나타났다.

이러한 조사 결과를 종합하면 국내에서 기존 유료방송 서비스에

계획은 그동안 필요했던 부분을 시행할 수 있는 첫 출발점이 될 것이다.

대한 동영상 OTT 서비스의 대체성은 아직 제한적이며, 그 원인 중 하나는 동영상 OTT 서비스가 기존의 유료방송과 같은 채널을 제공하고 있지 못하기 때문인 것으로 판단된다. 그럼에도 불구하고 장기적으로는 대체 가능성이 있기 때문에 동영상 OTT 서비스가 성장함에 따라 대체성에 대한 모니터링을 지속할 필요가 있다. 이러한 모니터링을 위해서는 시장 상황에 대한 체계적인 자료조사 및 실태조사가 필요하다.

국내 동영상 OTT 서비스가 국내 유료방송 플랫폼 시장에 미치는 영향이 미국과 달리 아직 크지 않은 이유 중 하나는 국내 유료방송 서비스 가격이 다른 나라에 비해 매우 낮기 때문이다. 〈그림 2-19〉는 주요 OECD 국가의 유료방송 서비스 월 평균 ARPU(사용자당 평균 매출액)를 보여준다. 〈그림 2-19〉에서 확인할 수 있듯이 OECD 대부분의 나라에서는 유료방송 월 평균 ARPU가 한국보다 훨씬 높다. 주요 국가 중 한국의 ARPU(12.5달러) 수준보다 낮은 나라는 멕시코(11.8달러), 터키(8.6달러), 헝가리(11.7달러)이며, OECD 평균은 약 29.4달러로 집계되었다. 『2018년도 방송시장 경쟁상황 평가』에 따르면 국내 유료방송사업자의 방송사업 매출 기준 ARPU는 1만 5244원, 가입자 매출 기준 ARPU는 1만 336원으로 OECD 평균과 비교할 때 여전히 매우 낮은 수준이다(방송통신위원회, 2018b).

흥미로운 사실은 유료방송에 대한 동영상 OTT 서비스의 대체도가 비교적 높은 미국과 영국에서는 유료방송 서비스의 월 평균 ARPU가 각각 77.6달러와 43.1달러 수준으로 다른 OECD 국가들에 비해 훨씬 높다는 것이다. 즉, 미국과 같이 유료방송 서비스 가격이

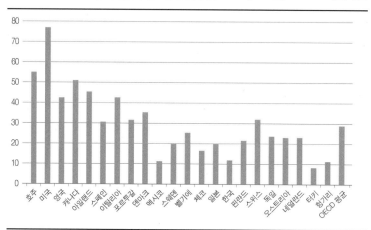

주: OECD 평균은 OECD 35개국 중 아이슬란드, 룩셈부르크, 라트비아를 제외한 평균치임.
자료: OVUM(2018) 및 방송통신위원회(2018b)를 재구성.

매우 높은 나라에서는 유료 동영상 OTT 서비스가 기존의 유료방송
서비스를 대체할 가능성이 훨씬 높다는 추론이 가능하다. 반대로
국내에서는 유료방송 서비스 가격이 매우 낮은 편이므로 기존의 동
영상 OTT 서비스가 기존의 유료방송 서비스를 대체하는 데 더 많
은 시간이 걸릴 것이며, 동영상 OTT 서비스를 확산시키기 위해서
는 더 경쟁적인 서비스 혁신이 필요할 것이다.

  국내의 유료방송 서비스 가격이 다른 나라에 비해 낮은 이유는
여러 가지이지만, 종합유선방송사업자System Operator: SO들이 시장에
진입하던 초기에 중계유선방송사업자Replay Operator: RO와 경쟁하면서
저가 상품에 의존했고, IPTV와의 경쟁에서도 저가 경쟁전략을 지
속적으로 채택해 '저가 유료방송 가격의 경로의존적 고착화 현상'이

나타났기 때문이라고 볼 수 있다. 이러한 시장 상황에서 방송통신 결합상품이 확산되면서 통신상품이 주상품이 되고 방송상품은 부상품화되어 방송상품에 대한 결합할인율이 비교적 높았던 것도 원인 중 하나일 것이다.

동영상 OTT 서비스가 유료방송 플랫폼 시장에 미치는 영향으로는 이러한 '대체성' 외에도 플랫폼 시장에서의 경쟁 심화, 인수·합병 등 사업자 간 전략적 제휴 등을 들 수 있다. 이에 관한 논의는 3장에서 다루기로 한다.

OTT 서비스가 프로그램 제작 및 거래 시장에 미치는 영향

동영상 OTT 서비스의 성장은 프로그램 제작 및 거래 시장에도 다양한 영향을 미친다. 먼저 다양한 동영상 OTT 플랫폼의 등장과 성장은 방송산업에서 콘텐츠 제작에 대한 수요를 증가시킨다. 특히 동영상 OTT 플랫폼 간 경쟁이 치열해지면서 최근에는 오리지널 콘텐츠 제공이 동영상 OTT 서비스의 경쟁력이 되어가고 있다. 따라서 동영상 OTT 플랫폼 간 경쟁은 오리지널 콘텐츠 투자비 및 콘텐츠 제작 수요를 증대시킬 것으로 예상된다. 국내 방송시장에서 동영상 OTT 플랫폼의 콘텐츠 제작 수요가 증가하면 기존의 지상파방송사에 집중된 콘텐츠 수요 집중도 감소할 것으로 보인다.

〈그림 2-20〉은 최근 10년(2008~2017년) 동안 외주제작 프로그램 시장을 기준으로 했을 때의 상위 사업자의 수요 점유율 추이를 보여준다. 2017년 기준 외주제작 프로그램의 상위 3대 수요자인 지상파방송 3사 및 계열 PP의 외주제작 프로그램 시장에서는 수요 점유

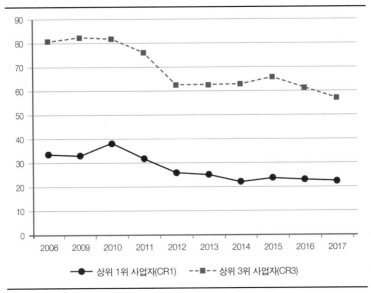

그림 2-20 **외주제작 프로그램 시장 기준 상위 사업자의 수요 점유율 추이**   단위: %

━●━ 상위 1위 사업자(CR1)   ┄┄■┄┄ 상위 3위 사업자(CR3)

자료: 방송통신위원회(2018b)를 재구성.

율이 57.2%로 전년 대비 4.4% 감소한 것으로 나타났다(방송통신위
원회, 2018b). 상위 3대 수요자 점유율(CR3)은 2013년까지 전반적으
로 감소추세를 보였으나 이후 몇 년 동안 소폭 증가했고, 2015년 이
후 다시 감소하고 있다. 이러한 감소추세는 SBS계열과 MBC계열의
외주제작비 감소와 중앙계열, 조선계열, CJ계열 등 비지상파계열의
외주제작비 증가로 인한 것으로 분석된다(방송통신위원회, 2018b).

이런 상황에서 다양한 동영상 OTT 플랫폼의 오리지널 콘텐츠 제
작이 증가하면 OTT 플랫폼의 콘텐츠 제작 수요가 증가해 3대 수요
자의 점유율은 더 낮아질 수 있다. 반면에 콘텐츠 제작사의 협상력

은 지금보다 더 커질 것으로 예상된다.

한편 동영상 OTT 플랫폼이 성장함에 따라 오리지널 콘텐츠 제작을 통해 경쟁우위를 확보하려는 전략을 추구하는 관련 기업이 증가하면서 국내 및 글로벌 동영상 OTT 사업자와 기존 방송사업자 간에는 콘텐츠 제작 인력 등 생산요소시장에서의 경쟁이 심화될 가능성이 높다. OTT 사업자와 기존 방송사업자 간의 콘텐츠 확보 경쟁은 기존 방송사와 제작사 간 거래 및 제작환경에도 변화를 초래하는데, 이러한 변화는 콘텐츠 제작사에게 유리한 방향으로 작용할 가능성이 높다. 이러한 변화가 심화될 경우, 기존 방송사와 제작사 간 거래 및 제작환경은 물론 콘텐츠의 제작 수요와 공급에서도 시장의 힘이 지금보다 더 큰 역할을 하게 될 가능성이 높다.

한편 넷플릭스와 같은 글로벌 동영상 OTT 사업자의 성장으로 글로벌 동영상 OTT 사업자가 해외 콘텐츠 유통망을 제공하면 긍정적 효과와 부정적 효과를 동시에 가져올 수 있다. 긍정적 효과로는 글로벌 동영상 OTT 사업자에게 콘텐츠를 공급함으로써 한류가 확산되고 해외 시장 매출이 확대될 가능성을 기대할 수 있다. 반면에 넷플릭스와 같은 글로벌 동영상 OTT 사업자에 대한 콘텐츠 유통 의존도가 커지면 국내 콘텐츠 사업자의 협상력이 약화되는 부정적 효과를 가져올 수 있다(황유선, 2018).

또한 동영상 OTT 플랫폼이 성장하면 동영상 OTT가 콘텐츠 유통의 주요 창구가 됨으로써 동영상 OTT 플랫폼에 방송사의 콘텐츠를 공급할 수 있는 능력이 방송사의 경쟁력의 원천으로 작용하게 될 수도 있다. 예를 들어 글로벌 동영상 OTT 사업자나 국내 동영상

OTT 사업자가 해외 진출에 성공할 경우, 동영상 OTT 플랫폼과의 전략적 제휴를 통한 해외 시장 진출에 대한 기대감이 매출을 증가시켜 우수한 제작인력과 콘텐츠를 확보하기에 유리해지며, 동영상 OTT 사업자와의 전략적 제휴를 통한 콘텐츠 공급 여부가 방송채널 간 경쟁에도 영향을 미칠 수 있다(황유선, 2018).

OTT 서비스가 방송광고시장에 미치는 영향

동영상 OTT 서비스의 성장은 방송광고시장에도 영향을 미친다. 특히 유튜브와 같은 광고형 동영상 OTT 서비스의 이용시간이 증가함에 따라 OTT 서비스는 기존 방송광고시장의 매출에도 향후 큰 영향을 미칠 것으로 판단된다. 이를 글로벌 광고시장과 국내 광고시장으로 나누어 살펴보자.

먼저 〈그림 2-21〉은 2014년부터 2019년까지 글로벌 광고시장의 매체별 규모 추이를 보여준다. 흥미로운 점은 2014년부터 2019년까지 글로벌 지상파방송 광고시장의 규모는 증가와 감소를 거듭했으나 성장하지 못하고 주로 답보 상태였지만, 동영상 광고시장은 2019년에 매우 빠르게 성장해 유료방송 광고시장의 규모를 추월하기 시작했다는 것이다.

국내에서는 〈그림 2-22〉에서 확인할 수 있듯이 PC와 모바일을 포함한 온라인 광고시장의 규모가 2016년부터 지상파 광고시장의 규모를 추월했다. 국내 광고시장 데이터를 보면 온라인 광고시장 규모에 동영상 광고 외에 동영상 광고가 아닌 온라인 광고도 포함되어 있다. 전체 영상 광고 대비 온라인 동영상 광고 비중이 2015년

그림 2-21 **글로벌 광고시장의 매체별 규모 추이**   단위: 만 달러

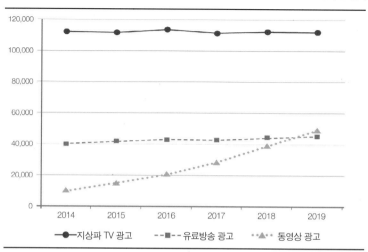

자료: Pwc(2019).

그림 2-22 **국내 광고시장의 매체별 규모 추이**   단위: 억 원

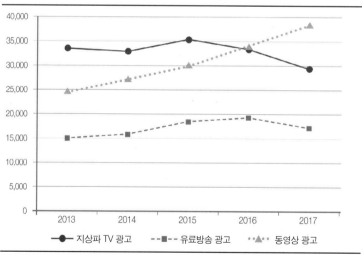

자료: 방송통신위원회(2017, 2018).

4%에서 2017년 14%로 성장했고 2018년에는 19%를 차지하는 등 급격하게 성장하고 있는 점을 고려하면(박소정, 2019), 동영상 광고시장의 성장은 지상파와 같은 기존 방송 광고시장에 향후 지속적으로 영향을 미칠 것으로 보인다.

2018년 상반기 국내 인터넷 동영상 광고 매출 중 유튜브와 페이스북이 차지하는 비중은 73.1%로 글로벌 OTT가 국내 인터넷 동영상 광고시장에서 큰 비중을 차지하고 있으며 이러한 추세는 가속화될 것이다(메조미디어, 2018). 따라서 앞으로는 광고형 글로벌 동영상 OTT 서비스가 국내 기존 방송시장에 미치는 영향을 경험적으로 분석할 필요가 있다.

제3장

동영상 OTT 서비스
전략의 모색

동영상 OTT 기업의 전략을 분석하는 두 가지 도구

1장과 2장에서 살펴본 바와 같이 동영상 OTT 서비스는 디지털 트랜스포메이션 현상의 특징을 잘 반영하고 있으며, 이용자에게 새로운 가치를 제공하면서 빠르게 성장해 차세대 미디어 산업의 핵심이 될 가능성이 크다. 따라서 혁신적인 동영상 OTT 서비스를 제공하고 있는 성공적인 사업자들의 전략을 분석함으로써 동영상 OTT 산업의 경쟁력에 영향을 미치는 요소를 고찰해 보는 것은 의미 있는 작업이 될 것이다. 이 장에서는 성공적인 동영상 OTT 사업자의 전략을 분석하기 위한 이론적 도구로서 블루오션 전략Blue Ocean Strategy과 자원기반 관점Resource-Based View을 간단히 소개하고 분석에 이용한다.[1] 이러한 전략분석은 동영상 OTT 산업에서의 전략과 경쟁우위에 영향을 미치는 요소를 이해하는 데 유용할 것이다.

---

[1] 2장에서 간략히 소개한 바 있는 산업조직론적 관점은 동영상 OTT 기업이 처한 외부환경을 설명하는 데 유용하다. 2장에서 동영상 OTT 기업이 처한 외부환경의 변화가 어떻게 동영상 OTT 기업에 영향을 주는가에 관해 이미 서술했으므로, 3장에서는 블루오션 전략과 자원기반 접근방법 등을 통해 성공적인 동영상 OTT 기업의 전략을 고찰한다.

블루오션 전략을 통한 넷플릭스의 전략분석

전략에 관한 기존의 이론적 관점은 앞에서 살펴본 산업조직론적 관점처럼 경쟁력과 비교우위에 영향을 미치는 외부의 환경적 요소를 중시하거나 뒤에서 살펴볼 자원기반 관점처럼 기업 내부의 자원에 초점을 맞추는 방식이 주를 이루었다. 블루오션 전략은 기존의 전략에 관한 이론적 관점에서 전제로 삼는 '시장의 경계와 산업의 조건은 주어진 것이며 바꿀 수 없다'라는 가정을 비판한다(Kim and Mauborgne, 2005). 즉, 블루오션 전략의 이론적 관점에 따르면 실제 현실 세계에서는 조직이 직면한 시장의 경계와 산업의 조건을 직접 설정할 수 있다. 또한 전통적인 전략이론적 관점에서는 환경적 제약 속에서 성공하려면 차별화와 저비용 중 하나를 전략으로 선택해야 한다고 가정했으나 이러한 가정은 현실에 부합하지 않는다고 비판한다(Kim and Mauborgne, 2005).

블루오션 전략의 이론적 관점에서는 산업의 구조적 조건이 이미 규정되어 있고 기업은 그 조건 내에서 경쟁해야 한다는 구조주의 structuralism 또는 환경결정론environmental determinism적 관점을 레드오션 전략으로 규정한다. 반면 경쟁을 무의미하게 만들고, 경쟁자 없는 새로운 시장 공간을 창출하며, 차별화와 저비용을 동시에 추구해 구매자의 가치와 저비용을 동시에 추구하는 가치혁신value innovation을 블루오션 전략이자 기업의 성공을 담보하는 전략이라고 본다(Kim and Mauborgne, 2005)(〈그림 3-1〉참조).

또한 블루오션 전략에서는 실제 전략을 실행하기 위한 네 가지 액션 프레임워크를 제시한다(〈그림 3-2〉참조). 즉, 차별화와 저비용

그림 3-1 레드오션 전략과 블루오션 전략

레드오션 전략	블루오션 전략
기존 시장 공간 안에서 경쟁	경쟁자 없는 새로운 시장 공간 창출
경쟁에서 이겨야 한다	경쟁을 무의미하게 만든다
기존 수요시장 공략	새로운 시장수요 창출 및 장악
가치 - 비용 가운데 택일	가치 - 비용 동시 추구
차별화나 저비용 중 하나를 택해 기업 전체 활동 체계를 정렬	차별화와 저비용을 동시에 추구하도록 기업 전체 활동 체계를 정렬

자료: Kim and Mauborgne(2005).

을 동시에 추구하는 가치혁신을 위해 E-R-R-CEliminate-Reduce-Raise-Create 액션 프레임워크를 이용할 필요가 있다고 본다. 즉, 업계에서 당연한 것으로 받아들이는 요소 중 제거해야Eliminate 할 요소, 업계의 표준 이하로 내려야Reduce 할 요소, 업계의 표준 이상으로 올려야 Raise 할 요소, 새롭게 창조해야Create 할 요소를 분석해 적용함으로써 제거와 감소를 통해 원가를 절감하는 동시에 증가와 창조를 통해 구매자의 가치를 창조하는 가치혁신 전략이 그동안 기업을 혁신과 성공으로 이끌었다고 보는 것이다(Kim and Mauborgne, 2017).

이러한 블루오션 전략은 최근 전 세계 동영상 OTT 시장에서 성공적인 성과를 내고 있는 넷플릭스의 SVOD 서비스를 분석하는 전략분석 도구로도 유용하다. 〈그림 3-3〉은 블루오션 전략에 기초한

그림 3-2 **가치혁신과 E-R-R-C 액션 프레임워크**

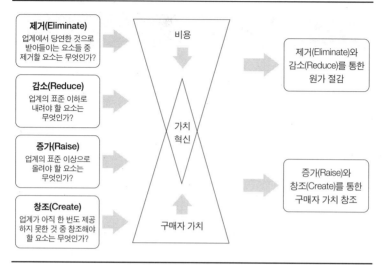

제거(Eliminate)
업계에서 당연한 것으로 받아들이는 요소들 중 제거할 요소는 무엇인가?

감소(Reduce)
업계의 표준 이하로 내려야 할 요소는 무엇인가?

증가(Raise)
업계의 표준 이상으로 올려야 할 요소는 무엇인가?

창조(Create)
업계가 아직 한 번도 제공하지 못한 것 중 창조해야 할 요소는 무엇인가?

비용

가치
혁신

구매자 가치

제거(Eliminate)와 감소(Reduce)를 통한 원가 절감

증가(Raise)와 창조(Create)를 통한 구매자 가치 창조

자료: Kim and Mauborgne(2005)를 재구성.

넷플릭스 SVOD 서비스의 E-R-R-C 구성을 보여준다.

블루오션 전략에서 제시된 네 가지 액션 프레임워크 측면에서 볼때, 넷플릭스의 SVOD 서비스는 업계에서 당연한 것으로 받아들이는 요소들 중 기존 방송 관련 비즈니스 모델의 관행이던 광고를 이용하는 대신 유료방송 허가가 필요 없는 인터넷 플랫폼을 이용했고(Eliminate), 제공 콘텐츠 장르의 종류와 실시간 성향의 콘텐츠 제공을 방송업계의 표준 이하로 내렸다(Reduce). 반면 시청 가능한 서비스의 가격 경쟁력, 시청 편의성, 제공 콘텐츠의 다양성, 오리지널 콘텐츠 제작은 업계의 표준 이상으로 올렸으며(Raise), 또한 그동안 다른 유료방송 서비스에서 제공하지 못했던 개인화 추천시스템을 통

그림 3-3 넷플릭스 SVOD 서비스의 E-R-R-C 구성

제거(Eliminate)	증가(Raise)
• 광고 • 방송 허가	• 서비스의 가격 경쟁력 • 시청 편의성 • 제공 콘텐츠의 다양성 • 오리지널 콘텐츠 제공
감소(Reduce)	창조(Create)
• 제공 콘텐츠 장르 • 실시간 콘텐츠 서비스	• 개인화 추천시스템 • N스크린 서비스 • 글로벌 스트리밍 서비스

한 서비스, N스크린 서비스, 글로벌 스트리밍 서비스를 새롭게 제공했다(Create). 따라서 블루오션 전략적 관점에서 보자면 넷플릭스의 SVOD 서비스는 제거와 감소를 통해 원가를 절감하는 동시에 증가와 창조를 통해 유료 동영상 OTT 서비스 구매자의 가치를 증가시키는 가치혁신을 이루었다.

넷플릭스 SVOD 서비스의 전략은 블루오션 전략에서 주로 이용되는 전략 캔버스에서도 드러난다. 〈그림 3-4〉는 넷플릭스의 SVOD 서비스와 기존의 기본형 유료방송 및 프리미엄 유료방송을 비교하기 위한 판별 요소와 구매자들이 느끼는 각 요소에 대한 서비스 수준을 보여준다.

앞서 제시되었듯이 넷플릭스의 SVOD 서비스는 기본형 유료방송 및 프리미엄 유료방송과 비교해 콘텐츠 장르의 종류와 실시간 콘텐츠 서비스가 낮은 수준이며, 서비스 가격 경쟁력, 시청의 편의

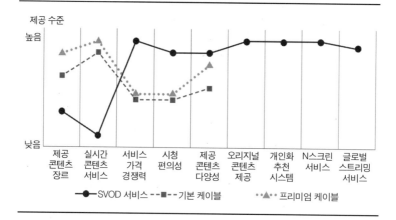

그림 3-4　넷플릭스 SVOD 서비스의 블루오션 전략 캔버스

제공 수준

높음

낮음

제공　실시간　서비스　시청　제공　오리지널　개인화　N스크린　글로벌
콘텐츠　콘텐츠　가격　편의성　콘텐츠　콘텐츠　추천　서비스　스트리밍
장르　서비스　경쟁력　　　다양성　제공　시스템　　　서비스

●—SVOD 서비스　-■- 기본 케이블　▲··· 프리미엄 케이블

성, 제공 콘텐츠의 다양성 및 오리지널 콘텐츠 제작 및 제공은 프리
미엄 유료방송보다 높은 수준이다. 한편, 넷플릭스는 이용자의 빅
데이터를 분석함으로써 기존의 프리미엄 케이블 서비스가 제대로
제공하지 못했던 개인화 추천시스템을 도입했을 뿐만 아니라 N스
크린 서비스와 글로벌 스트리밍 서비스를 제공한다는 점에서 명확
하게 차별화된 서비스를 선보이고 있다.

　이러한 전략 캔버스는 현재의 시장 공간에서 업계 참가자들의 경
쟁 서비스 상황을 알려주며 고객들이 각 경쟁 서비스로부터 무엇을
얻는지를 명확하게 보여준다는 점에서 전략분석에 유용하다.

　〈그림 3-5〉는 넷플릭스 SVOD 서비스와 기존의 유료방송 서비
스를 비교했을 때 넷플릭스가 어떻게 블루오션 전략을 통해 새로
운 시장을 창출하는지를 좀 더 명확하게 보여준다. 블루오션 전략

그림 3-5 **넷플릭스 SVOD 서비스의 블루오션 시프트**

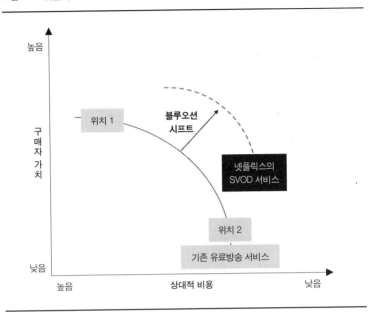

을 적용하면, 〈그림 3-5〉에서 실선은 유료방송산업의 기존 생산성 경계(모범 사례의 총합)를 나타낸다. 이러한 경계는 현재 이용 가능한 기술과 경영의 모범 사례를 통해 기존 유료방송 기업이 달성할 수 있는 최상위 수준의 가치와 이에 상응하는 비용을 나타내며, 이는 기존의 레드오션 전략을 통한 최상의 결과를 의미한다(Kim and Mauborgne, 2017). 기존의 유료방송 시장에서는 구매자 가치와 비용이 정(+)의 관계이다. 즉, 구매자 가치가 증가하면 비용이 증가하고(예: 위치 1), 반대로 비용이 낮아지면 구매자 가치도 낮아진다(예: 위치 2).

반면, E-R-R-C 프레임워크에서 분석했듯이, 넷플릭스의 SVOD 서비스에서는 구매자 가치가 높아지는 동시에 상대적 비용도 감소하며, 따라서 점선과 같이 기존 유료방송 산업의 경계를 뛰어넘어 새로운 가치-비용 경계로 이동하게 된다. 이런 시장 상황에서는 블루오션이 창출되기 때문에 기존 생산성 경계상에서의 경쟁은 의미가 없어진다. 블루오션의 전략적 관점에서 보면 넷플릭스의 SVOD 서비스는 레드오션에서 블루오션으로 가는 경로를 거쳤다고 볼 수 있다. 즉, 기존 유료방송 산업과 비교해 가치혁신을 이룬 것이다.

자원기반 관점에서 본 OTT 사업자들의 전략적 제휴

2장에서 간단하게 논의한 산업조직론적 관점[2]이 기업의 외부 환경과 시장 구조에 초점을 맞추었다면, 자원기반 관점은 기업이 보유한 내부 자원resource[3]에 초점을 맞춘다. 자원기반 관점은 각 기업은 독특한 자원의 결합체이고 기업이 보유한 자원은 전략의 기초를 제공하고 기업성과의 차이를 가져온다고 본다(Hitt, Ireland and Hoskisson, 2001). 즉, 자원기반 관점에서는 기업 내부의 특수한 자원이 기업의 성공과 지속가능한 경쟁우위에 영향을 미치는 가장 중요한 요소라고 인식하기 때문에 기업이 가지고 있는 자원과 능

2　미디어 경제학 연구, 특히 전략 관련 연구에서는 그동안 산업조직론 관점이 지나치게 강조되어 온 경향이 있다. 블루오션 전략에서 강조하는 가치혁신에 대한 분석과 자원기반 관점에서 강조하는 내부 자원의 활용에 대한 분석은 산업조직론적 관점으로는 설명하기 어려운 전략적 성공요소를 제시하는 데 유용하다.
3　자원기반 관점에서 볼 때 자원이란 기업이 전략을 고안하고 실행하는 데 이용하는 기업 통제하의 유·무형 자산으로 정의될 수 있다(Barney and Hesterly, 2012).

력 및 특정한 전략 환경으로부터 창출 가능한 경쟁력에 초점을 두고 분석한다(Barney, 1991).

자원기반 관점은 기업이 가치가 있고valuable 희소하며rare 모방 불가능하고inimitable 대체될 수 없는non-substitutable 자원을 보유해야 경쟁 우위를 확보할 수 있다고 보는 이론적 관점이다.[4] 자원기반 관점에서는 다른 기업이 갖지 못한 이러한 자원을 가지고 있을 때에만 지속적인 초과수익을 획득할 수 있다고 본다(Peteraf, 1993). 예를 들어 미디어 기업이 보유한 최상의 콘텐츠는 하나의 자원으로서 차별화의 소중한 원천이고 희귀하면서도 대체재가 없고 모방하기 어렵기 때문에 기업성과에 영향을 미칠 수 있다(Küng, 2008). 결론적으로 이러한 자원이 지닌 네 가지 속성의 상호작용은 기업이 우월한 성과를 내는 초석이 될 수 있다(Chan-Olmsted, 2006).

밀러Miller와 샴시Shamsie는 이러한 자원기반 관점을 실제 전략분석에 적용하기 위해 자원을 두 가지 유형으로 분류한다(Miller and Shamsie, 1996). 밀러와 샴시는 자원을 범주화할 때 앞에서 언급된 자원의 네 가지 속성을 활용할 수 있어야 이론적인 측면에서 적용 가능성 및 설명력이 커진다는 점을 강조하면서, 자원을 자산기반 자원property-based resources과 지식기반 자원knowledge-based resources으로 범주화했다(Miller and Shamsie, 1996). 이러한 분류는 모방 불가능성을 경쟁력의 핵심으로 본다(Küng, 2008).

자산기반 자원은 특허나 계약 등 재산권에 의해 보호받기 때문에

---

4   이처럼 전략적으로 필요한 자원에 관한 기준을 VRIN 기준이라고도 한다(Küng, 2008).

경쟁 기업이 모방할 수 없는 자원이다(Miller and Shamsie, 1996). 예를 들어 기업이 소유하는 합법적 자산인 금융자본, 물리적·인적 자원은 자산기반 자원에 해당된다(Liu and Chan-Olmsted, 2003). 반면 지식기반 자원은 기업이 지닌 무형의 내재적인 노하우와 스킬을 의미하며, 주로 지식의 장벽으로 보호되기 때문에 모방이 불가능한 자원이다(Küng, 2008). 예를 들어, 다른 기업이 모방하기 어려운 기술적·관리적 스킬은 지식기반 자원에 해당한다. 구체적으로 미디어 산업과 관련해서는 가맹사 계약, 방송사 소유권, 콘텐츠 저작권, 우수 콘텐츠 등과 같은 자원이 자산기반 자원으로 간주되며, 경영 전문성, 기술관리, 콘텐츠의 다목적 활용 전문성, 수용자 전문성, 기타 창의적 전문성 등은 지식기반 자원의 사례이다(Chan-Olmsted, 2006).

밀러와 샴시에 의해 제시된 것처럼 기업 자원을 자산기반 자원과 지식기반 자원으로 분류하는 접근방법은 동영상 OTT 기업의 전략적 행위를 설명하고 성과의 차이를 이해하는 데도 유용하다. 구체적으로 자원기반 관점은 동영상 OTT 기업이 어떤 자원을 이용해 경쟁우위를 확보할 수 있는지 설명할 수 있으며, 모방하기 어려운 독특한 자원을 확보하기 위한 전략적 제휴와 인수·합병을 설명하는 데도 유용하다.

〈표 3-1〉은 최근 국내 및 해외시장에서 OTT 서비스를 제공하기 위해 추진된 주요 전략적 제휴 및 인수·합병 사례를 자원기반 관점에서 요약한 것이다. 전략적 제휴 및 인수·합병 사례는 국내 동영상 OTT 시장과 미국 동영상 OTT 시장에서 비중 있는 두 개의 사례를 각각 선택해 분석했다.

표 3-1　**자원기반 관점에서 분석한 OTT 서비스 제공 사업자 간 전략적 제휴 및 인수 사례**

제휴 및 인수·합병 사례		주요 자산기반 자원	주요 지식기반 자원	주요 경쟁우위 요소
넷플릭스 + LGU+	넷플릭스	- 콘텐츠 - 재정적 자원	- N스크린 통합 스킬 - 빅 데이터 분석을 통한 서비스 최적화 노하우 - 마케팅 등 관리 스킬 - 오리지널 콘텐츠 제작 노하우	· 다수의 콘텐츠 · 오리지널 콘텐츠 제공 · 기존의 IPTV 및 통신 서비스 이용자 기반 · 개인화 추천시스템 · 시청 편의성 제공 · 낮은 콘텐츠당 가격 · LGU+의 CJ 헬로비전 인수를 통한 규모의 경제와 가입자 기반 확대 · LGU+의 결합상품 제공
	LGU+	- 유료방송 채널 - 프로모션 네트워크 - 재정적 자원	- 관리 스킬 - 시장세분화 스킬	
푹(지상파 연합) + 옥수수 (SKT) → 웨이브	푹(지상파 연합)	- 콘텐츠 - 지상파 네트워크 및 채널	푹(지상파 연합) - 관리 스킬 - 콘텐츠 제작 노하우	· 차별화된 국내 인기 콘텐츠 독점 제공 가능·기존의 IPTV 및 통신 서비스 이용자 기반 · 기존의 유료 OTT 이용자 기반 · SK 브로드밴드의 티브로드 인수를 통한 규모의 경제와 가입자 기반 확대 · SKT의 결합상품 제공
	옥수수 (SKT)	- 재정적 자원 - 유료방송 채널 - 프로모션 네트워크	- 마케팅 등 관리 스킬 - IPTV를 통한 서비스 최적화 노하우 시장세분화 스킬	
디즈니 +21세기 폭스 → 디즈니 플러스 및 훌루 (디즈니의 21세기폭스 인수)	디즈니	- 콘텐츠 - 지상파방송 네트워크 및 유료방송 채널 - 브랜드 - 재정적 자원	- 관리 스킬 - 콘텐츠 제작 노하우 - 시장세분화 스킬	· 차별화된 독점 콘텐츠 · 오리지널 콘텐츠 제공 · 디즈니 콘텐츠의 브랜드 가치 · 훌루의 OTT 서비스 이용자 기반 · 디즈니 플러스와 훌루를 통한 맞춤형 OTT 플랫폼 전략 · 디즈니 플러스와 훌루를 이용한 결합상품 제공 가능 · 비교적 낮은 콘텐츠당 가격 및 요금제
	21세기 폭스	- 콘텐츠 - 유료방송 채널 및 훌루 플랫폼 - 프로모션 네트워크	- 관리 스킬 - 콘텐츠 제작 노하우 - OTT 플랫폼 운영 노하우(훌루)	
애플 + HBO, 쇼타임 등 주요 유료방송 → 애플 TV 플러스	애플	- 애플 및 삼성 등 디바이스 네트워크 - 브랜드 - 재정적 자원	- 관리 스킬	· 광범위한 애플 디바이스 네트워크 · 애플 디바이스와의 결합상품 제공 가능 · 애플의 브랜드 가치 · 비교적 낮은 요금제
	HBO, 쇼타임 등 주요 유료방송 채널	- 콘텐츠 - 브랜드 - 유료방송 채널	- 관리 스킬 - 콘텐츠 제작 노하우 - 시장세분화 스킬	

먼저 국내 동영상 OTT 시장을 보면, 2018년 5월 넷플릭스와 LGU+는 넷플릭스 서비스를 LGU+의 유료방송 서비스 플랫폼에서 제공하는 전략적 제휴를 맺었다. 이 전략적 제휴에서 넷플릭스의 자산기반 자원은 콘텐츠와 재정적 자원이며, LGU+의 자산기반 자원은 기존의 유료방송 채널, 프로모션 네트워크, 재정적 자원이라고 볼 수 있다. 이와 함께 넷플릭스의 주요 지식기반 자원은 N스크린 서비스를 제공해 온 스킬, 빅데이터 분석을 통한 서비스 최적화 노하우, 관리 스킬 및 오리지널 콘텐츠 제작 노하우 등이고, LGU+의 지식기반 자원은 관리 스킬 및 시장 세분화 스킬 등이다. 이러한 자원들의 조합은 동영상 OTT 서비스 시장에서 다른 기업에 비해 오리지널 콘텐츠를 포함한 다수의 콘텐츠 제공, 개인화 추천시스템 제공, 시청 편의성 제공, 낮은 콘텐츠당 가격 등의 경쟁우위를 확보하는 데 기반이 되었다. 아울러 최근 LGU+가 CJ 헬로비전을 인수한 것은 규모의 경제를 확대하고 가입자 기반을 확대하는 데 영향을 줄 수 있다. 또한 LGU+가 방송통신 결합상품을 제공할 때 동영상 OTT 서비스를 포함해 제공할 수 있는 점도 경쟁우위를 확보할 수 있는 요소로 볼 수 있다.

2019년 9월에는 기존 국내 사업자들 간의 전략적 제휴가 이루어졌다. 지상파 3사 연합 동영상 OTT 서비스인 푹과 SK텔레콤의 동영상 OTT 서비스인 옥수수의 전략적 제휴로 통합 서비스 웨이브가 탄생된 것이다. 이러한 전략적 제휴를 자산기반 자원의 관점에서 보면 지상파 연합의 주요 자산은 콘텐츠 자원, 지상파 네트워크 및 채널 자원 등이며, SKT의 주요 자산은 재정적 자원, 유료방송 채널 자원, 프로모션 네트워크 자원이다. 지식기반 자원의 관점에서 보면 지상파 연합의 주요 자산은 관리 스킬, 콘텐츠 제작 노하우 등이며, SKT의 주요 자산은 관리 스킬, IPTV 서비스 경험을 통한 서비스 최적화 노하우, 시장세분화 스킬 등이다. 푹과 옥수수의 전략적 제휴에서 경쟁우위를 확보할 수 있는 요소로는 차별화된 국내 인기 콘텐츠를 독점 제공할 수 있다는 점, 기존 IPTV 및 통신 서비스 이용자 기반을 이용할 수 있다는 점, 최근 SK 브로드밴드의 티브로드 인수를 통해 규모의 경제를 확대하고 가입자 기반을 확대할 수 있다는 점, SKT의 방송통신 결합상품과 동영상 OTT 서비스를 동시에 제공할 수 있다는 점 등이다.

해외 동영상 OTT 시장을 보면, 디즈니가 21세기폭스사를 인수한 것을 예로 들 수 있다. 미국 동영상 OTT 시장에서 디즈니는 21세기폭스사를 인수한 후 2019년 11월부터 동영상 OTT 서비스인 디즈니 플러스를 제공하기 시작했고, 훌루의 경영권도 장악하게 되었다. 이러한 인수 사례에서 디즈니의 자산기반 자원으로는 콘텐츠, 지상파방송 네트워크 및 유료방송채널, 브랜드 가치, 재정적 자원을 들 수 있으며, 21세기폭스의 자산기반 자원으로는 콘텐츠, 유료방송채널 및 훌루 OTT 플랫폼, 프로모션 네트워크 등을 들 수 있다. 디즈니의 주요 지식기반 자원은 관리 스킬, 콘텐츠 제작 노하우, 시장세분화 스킬 등이고, 21세기폭스의 지식기반 자원은 관리 스킬, 콘텐츠 제작 노하우, OTT 플랫폼 운영 노하우 등이다. 이러한 주요 자산기반 자원과 지식기반 자원을 조합함으로써 디즈니는 동영상 OTT 서비스 시장에서 오리지널 콘텐츠를 포함한 차별화된 독점 콘텐츠를 제공할 수 있게 되었고, 디즈니의 브랜드 가치가 커졌으며, 훌루의 OTT 서비스 이용자 기반을 활용할 수 있게 되었다. 또한 디즈니 플러스와 훌루를 통한 맞춤형 플랫폼 전략을 활용할 수 있게 되었으며, 결합상품을 제공하는 등 경쟁우위를 확보하는 기반을 갖추게 되었다.

미국 동영상 OTT 시장에서 애플은 2019년 11월부터 HBO, 쇼타임 등의 주요 유료방송 채널 사업자와의 전략적 제휴를 통해 애플 TV 플러스를 출시했다. 이러한 전략적 제휴 사례에서 애플의 자산기반 자원으로는 디바이스 네트워크, 브랜드 가치, 재정적 자원을 들 수 있으며, HBO, 쇼타임 등 주요 유료방송 채널의 자산기반 자원으로는 콘텐츠, 브랜드 가치, 유료방송 채널 등을 들 수 있다. 애플의 주요 지식기반 자원은 관리 스킬을 들 수 있으며, HBO, 쇼타임 등 주요 유료방송 채널의 지식기반 자원은 관리 스킬, 콘텐츠 제작 노하우, 시장세분화 스킬 등을 들 수 있다. 이러한 주요 자산기반 자원과 지식기반 자원의 조합으로 애플은 미국 동영상 OTT 서비스 시장에서 브랜드 가치가 높아졌고, 자사의 광범위한 디바이스 네트워크를 활용할 수 있게 되었다. 또한 애플 디바이스와 결합된 상품을 제공할 수 있게 되었고 비교적 낮은 요금제를 제공할 수 있게 되었다는 점에서 경쟁우위를 확보하는 기반이 마련되었다.

〈표 3-1〉에 제시된 사례 중 전략적 제휴strategic alliance는 둘 이상의 기업이 제품이나 서비스를 개발·제조·판매하는 과정에서 협력할 때 성립된다(Barney and Hesterly, 2012). 또한 규모의 경제economies of scale[5]를 활용하고 위험관리와 원가를 공동 부담함으로써 동영상

OTT 기업이 직면한 기회를 활용하고 위협을 중화해 가치를 창출한다는 측면에서 동영상 OTT 사업자들에게 의미가 있다. 디즈니의 21세기폭스엔터테인먼트 인수사례와 같은 기업 인수acquisition는 한 기업이 다른 기업을 매수하는 것을 의미하며, 일반적으로 범위의 경제economies of scope[6]를 통해 가치를 창출하고 인수기업에게 경제적 이익과 경쟁우위를 확보하게 하는 데 유용하다(Barney and Hesterly, 2012). 동영상 OTT 사업자들이 전략적 제휴의 대상 또는 인수대상 기업이 보유한 가치 있고 희소하며 모방 불가능하고 대체될 수 없는 자원에 기반해 전략적 제휴 또는 인수를 단행하고 이를 통해 범위의 경제를 창출했을 경우에는 자원기반 관점에서 제시된 것과 같이 경쟁우위를 확보하고 동영상 OTT 시장에서 우월한 성과를 가져올 수 있을 것이다.

---

5   생산량이 증가함에 따라 장기평균비용(Long Run Average Cost: LRAC)이 감소하는 현상으로, 일반적으로 기업의 설비규모가 일정수준[보통 '최소효율규모(Minimum Efficient Scale: MES)'라고 부른다]에 도달할 때까지는 장기평균비용이 하락한다. 생산량이 최소효율규모에 다다르기까지는 단위당 평균비용이 감소하지만, 최소효율규모를 넘어서면 단위당 평균비용이 증가한다(이준구, 2019). 이와 같은 규모의 경제는 미디어 산업에서 흔히 볼 수 있다.

6   범위의 경제(Economies of scope)는 한 기업이 두 가지(또는 그 이상의) 제품을 함께 생산할 경우, 상호 연결되지 않은 기업에서 이들 제품을 따로 생산하는 경우보다 생산비용이 적게 드는 현상을 의미한다(Hoskins, McFadyen and Finn, 2004). 예를 들어, 기업 A가 서로 다른 제품 Q_1과 Q_2를 TC_A(총비용)에 생산한다면, 기업 B가 제품 Q_1을, 기업 C가 제품 Q_2를 각각 생산한 비용을 합한 비용보다 적게 소요되어 더 효율적일 수 있다. 즉, $TC_A(Q_1, Q_2) < TC_B(Q_1, 0) + TC_C(0, Q_2)$ 가 될 때 범위의 경제가 존재한다. 넷플릭스의 오리지널 콘텐츠 확장 시도는 이러한 범위의 경제가 존재할 때 효율성을 확보할 수 있다.

두 가지 전략분석 도구의 통합: 자원기반 가치혁신 프레임워크

지금까지 블루오션 전략을 근거로 넷플릭스의 전략을 분석하는 한편 자원기반 관점에 근거해 국내 및 미국 동영상 OTT 서비스 사업자의 전략적 제휴 및 인수사례를 분석했다. 이를 통해 블루오션 전략과 전략에 관한 자원기반 관점이 비교적 유용한 설명력을 가지고 있다는 점을 확인했다. 하지만 이들 이론적 관점은 몇 가지 약점도 내포하고 있다.

블루오션 전략의 경우, 첫째, '처방적prescriptive'이라기보다는 '서술적descriptive'이다(Pollard, 2005). 이러한 관점은 블루오션 전략이 하나의 전략 이론적 관점으로서 형성될 때 이용된 방법론과도 관련된다. 블루오션 전략은 수많은 기업의 성공사례를 분석함으로써 '가치혁신'이 기업의 우월한 성과를 가져왔다고 주장한다. 즉, 현상이 투영된 여러 사례로부터 일반적인 결론을 이끌어내는 귀납적 추론 inductive reasoning을 이용했다. 따라서 블루오션 전략에서는 하나의 이론적 관점으로서 '좋은 이론'이 가져야 하는 '현실 적용 가능성'과 '일반화generalizability'가 제약된다고 할 수 있다. 즉, 블루오션 전략이 모든 사례에 적용될 수 있는 이론은 아니라는 것이다. 또한 많은 성공사례를 설명하는 데는 유용하지만 전략적 또는 관리적 함의는 부족하다고 평가되기도 한다. 이러한 비판은 블루오션 전략이 가진 태생적인 한계라고 볼 수 있다. 둘째, 블루오션 전략은 흔히 '좋은 이론'의 평가 기준인 '반증가능성falsifiability'을 충족하기 어렵다. 즉, 이론으로서 실증적으로 반박이 가능해야 하는데, 블루오션 전략은 통제집단control group이 이용되기 어렵기 때문에 과학철학자 칼 포퍼

Karl Popper가 강조했던 반증가능성을 충족하기 어려운 것이다. 셋째, 블루오션 전략에서는 기존의 마케팅 전략에서 중시되는 브랜드와 이용자와의 커뮤니케이션을 주어진 것으로 받아들이는 경향이 있다(Pollard, 2005). 즉, 브랜드와 이용자의 커뮤니케이션을 전략적 측면에서 기업의 중요한 성공요소로 보고 있지 않다.

한편 자원기반 관점도 전략 이론으로서 몇 가지 약점을 내포하고 있다고 평가된다. 먼저, 실제 연구에서 동일한 자원을 측정하기 어렵기 때문에 경험적으로 검증하기 어려우며, 자원을 매우 광범위하게 정의하고 있어 실제 연구에서 조작화가 어렵다(Küng, 2008). 이와 함께 동적이고 급변하는 환경에 부적절하며 적용 가능성이 제약된다는 것도 문제점으로 제기되고 있다(Gibbert, 2006; Küng, 2008).

이 장에서 동영상 OTT 기업들의 전략을 분석하기 위해 이용한 두 가지 이론적 관점은 이러한 약점을 지니고 있지만, 흥미로운 사실은 자원기반 관점에 따라 넷플릭스의 전략적 행위를 설명한 내용과 앞서 블루오션 전략을 통해 넷플릭스의 전략을 분석하는 데서 강조된 가치혁신이 서로 연계된다는 점이다. 〈표 3-1〉에 제시된 것처럼 성공적인 동영상 OTT 기업인 넷플릭스가 보유한 주요 자산기반 자원과 주요 지식기반 자원은 시장에서의 경쟁요소에 영향을 미쳤고 앞서 블루오션 전략을 통한 분석에서 강조된 가치혁신을 가져올 수 있었다. 즉, 동영상 OTT 기업이 보유한 자원과 능력이 가치혁신을 가능하게 했으며, 이러한 자원과 능력이 앞서 살펴본 가치혁신을 통한 블루오션 시프트Blue Ocean Shift를 가능하게 했다고도 볼 수 있다. 이러한 넷플릭스의 전략사례는 전략분석 도구로서의 자원기반 관점과 블루오션 전략을 통합할 수 있는 가능성을 암시한다. 두 가지 전략분석 도구를 통합한 프레임워크는 '자원기반 가치혁신 Resource-based Value Innovation 프레임워크'라고 할 수 있다.

〈그림 3-6〉은 자원기반 관점과 블루오션 전략을 결합한 동영상 OTT 기업의 자원기반 가치혁신 프레임워크를 구체적으로 보여준다. 자원기반 가치혁신 프레임워크는 기존의 자원기반 관점에서 중시하는 자원과 능력을 먼저 분석한다. 즉, OTT 기업이 보유한 가치 있고 희소하며 모방 불가능하고 대체하기 어려운 자원이 무엇인지를 분석한다. 자산기반 자원도 여기에 해당될 수 있고, 지식기반 자원도 여기에 해당될 수 있다.

또한 동영상 OTT 기업은 보유한 자원을 최대한 이용할 수 있는 능력을 분석해 찾아낸 후, 이러한 자원과 능력에 대한 분석을 기반으로 블루오션 전략의 E-R-R-C 프레임워크를 적용할 수 있다. 즉, 보유한 자원과 능력을 고려해 가능한 기존 시장의 경쟁요소 중 어떤 요소를 제거하고, 어떤 요소를 감소시키며, 어떤 요소를 증가시키고, 어떤 요소를 창조해야 할지를 결정하는 것이다. 물론 이러한 과정은 이미 분석된 보유자원과 능력을 토대로 결정되어야 한다. 이미 보유한 자원으로 부족하다면 넷플릭스와 LGU+ 간 전략적 제휴사례와 같이 다른 기업과의 전략적 제휴나 인수·합병 등을 통해서도 자원을 확보할 수 있을 것이다.

이러한 통합적 전략분석 프레임워크는 기존의 블루오션 전략 및 자원기반 관점을 결합한 프레임워크이므로 개별적인 이론적 관점이 가지고 있는 문제점 중 일부를 해결할 수 있다. 예를 들어 블루오

그림 3-6 동영상 OTT 기업의 자원기반 가치혁신 프레임워크

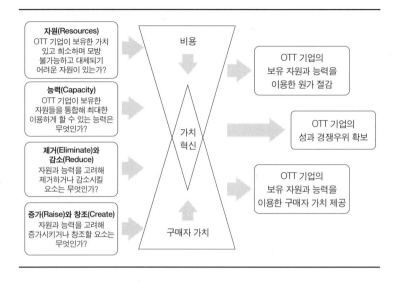

선 전략에서 주어진 것으로 받아들였던 브랜드나 이용자와의 커뮤니케이션 등을 하나의 자원으로 볼 수 있으며, 이러한 자원을 통해서도 구매자 가치를 제고할 수 있다는 장점이 있다. 또한 급변하는 환경을 고려하기 어렵다는 자원기반 관점의 약점 또한 블루오션 전략의 기존 프레임워크인 E-R-R-C 프레임워크를 통해 경쟁환경을 고려하고 이에 대응하는 경쟁요소를 찾아내어 가치혁신과 연결한다는 점에서 어느 정도 완화 가능성이 있다.

물론 자원기반 가치혁신 프레임워크는 두 가지 이론적 관점의 강점뿐만 아니라 공통적인 약점도 여전히 가지고 있다. 그러나 최근 급변하는 동영상 OTT 시장과 가장 성공적인 동영상 OTT 기업의

사례를 반영한 통합적 전략분석 도구라 할 수 있다. 앞으로 후속 연구에서는 이러한 자원기반 가치혁신 프레임워크를 다양한 동영상 OTT 기업에 적용할 수 있는 가능성을 논의하고 계량 연구를 통해 제시된 프레임워크의 유용성을 고찰할 필요가 있다.

글로벌 동영상 OTT 사업자들의 해외시장 진출 사례

2장에서 살펴본 바와 같이 글로벌 동영상 시장은 가입형과 광고형 동영상 OTT 서비스를 중심으로 빠르게 확대되고 있다. 이러한 추세와 함께 글로벌 동영상 OTT 사업자들의 해외 진출도 점차 증가하고 있다. 기존의 방송시장에서는 진입 규제가 존재했으나 동영상 OTT 서비스에 대해서는 현재 대부분의 나라에서 진입 규제가 거의 없기 때문에 글로벌 동영상 OTT 사업자의 해외 진출은 계속 증가할 것으로 예상된다. 이에 따라 글로벌 동영상 OTT 사업자가 국내의 기존 방송시장에 미치는 영향도 계속 커질 것으로 전망된다.

따라서 영국, 프랑스, 독일 등 해외 주요 국가들의 동영상 OTT 서비스 시장 현황, 넷플릭스와 같은 주요 글로벌 동영상 OTT 사업자의 해외 진출 사례, 각 나라에서 글로벌 동영상 OTT 사업자의 시장 진입이 기존 미디어 시장에 미치는 영향 및 글로벌 동영상 OTT 사업자의 전략 등을 고찰하는 것은 글로벌 사업자에 대한 대응전략 및 정책을 모색하는 데 의미가 있을 것이다.

영국: 글로벌 OTT 사업자 강세, 브릿박스 출시로 대응

영국 동영상 OTT 시장의 성장은 주로 가입형 동영상 OTT 서비스에 의해 견인되고 있다. 2018년부터 2023년까지 가입형과 거래형을 합한 VOD 시장의 평균 매출액 성장률은 10.34%일 것으로 추정되고 있으며, 가입형의 성장률은 11.44%, 거래형의 성장률은 8.21%일 것으로 추정된다(PwC, 2019). 2018년 동영상 OTT 비디오 시장의 규모는 2018년 연 매출액 기준 약 16억 달러, 모바일 및 PC 기반 동영상 광고시장의 규모는 약 28.8억 달러로 추정된다(PwC, 2019). 영국의 경우 넷플릭스UK가 영국 시장 진출에 성공함에 따라 OTT 시장 중 가입자형 동영상 OTT 서비스의 비중이 2012년 35.5%에서 2018년 64.7%로 비교적 빠르게 성장했고, 2013년부터 가입자형 동영상 OTT 서비스 매출이 거래형 동영상 OTT 서비스의 매출 규모를 추월했다(PwC, 2019). 전체 동영상 OTT 비디오 시장의 매출액 중 거래형 동영상 OTT 서비스의 비중은 최근 낮아지고 있는 추세이지만 거래형 동영상 OTT 서비스는 비교적 꾸준한 성장률을 유지하고 있다.

흥미로운 사실은 영국 유료 동영상 OTT 비디오 시장에서는 해외 사업자인 넷플릭스와 아마존 프라임 비디오가 매출액 기준 1위와 2위를 유지하고 있다는 점이다(〈표 3-2〉 참조). 넷플릭스UK는 2012년에 영국 동영상 OTT 비디오 시장에 진출했고, 이후 오리지널 콘텐츠와 기존 영국 국내 유료방송 및 통신사업자인 버진 미디어Virgin Media, BT TV, 톡톡TalkTalk 등과의 전략적 제휴를 기반으로 영국 내 동영상 OTT 비디오 사업자 중 1위로 성장했다. 2018년 넷플릭스

표 3-2 **영국 주요 유료 동영상 OTT 서비스 현황(2018년 매출액 기준)**

사업자	소유 기업	비즈니스 모델	서비스 출시	매출액
넷플릭스	넷플릭스	SVOD	2012년	8.9억 달러
아마존 프라임 비디오	아마존	SVOD	2014년	5.1억 달러
ITV 허브	ITV	Hybrid	2008년	8.9억 달러
나우TV	컴캐스트	SVOD	2012년	3.2억 달러

자료: Ampere Analysis(2019)를 재구성.

UK의 스트리밍 서비스 매출액은 8.9억 달러로 추정되고 있으며
(Ampere Analysis, 2019), 넷플릭스UK의 영국 내 매출액은 2016년부
터 2020년까지 연평균 15%가량의 성장률을 보일 것으로 예상된다
(Statista, 2018). 북미 지역을 제외하면 단일 시장으로는 넷플릭스가
영국에서 가장 많은 가입자를 확보하고 있으며, 2019년에 넷플릭스
UK 서비스 가입자는 990만 명 수준으로 증가한 것으로 추정된다
(Ampere Analysis, 2019).

　2012년 넷플릭스UK가 영국 시장에 진출함에 따라 영국의 방송
및 동영상 생태계에 상당한 변화가 초래되었다는 평가가 지배적이
다. 영국의 경우 공영방송 수신료가 2017년 4월 기준 147파운드(한
화 약 23만 원)로 다른 나라에 비해서 상당히 높은 수준임에도 불구
하고 2020년까지 전체 인구의 20% 이상이 유료 동영상 OTT 서비
스에 가입할 것으로 예측되고 있어서 SVOD의 강세는 계속될 것으
로 예상된다(한국콘텐츠진흥원, 2015). 넷플릭스 서비스는 가입자 수
측면에서도 2018년 기준 유료 동영상 OTT 서비스 시장에서 점유율
1위를 기록했다. 이 같은 넷플릭스의 강세는 영국 동영상 OTT 시장
에서 당분간 계속 유지될 것으로 보인다.

넷플릭스UK는 영국시장에 진출한 후 무료방송 위성 플랫폼인 프리샛freesat 셋톱박스에 자사의 애플리케이션을 포함시키는 전략적 제휴를 성사시킨 데 이어 케이블 플랫폼인 버진 미디어와도 제휴를 맺었고, 2014년에는 무선통신사 보다폰VODafone과, 최근에는 IPTV 플랫폼 사업자인 톡톡과 전략적 제휴를 맺었다(정보통신정책연구원, 2017a). 이러한 영국 미디어 시장의 변화는 동영상 OTT 산업 생태계 내에서 킬러 콘텐츠를 확보하는 경쟁으로 이어지고 있고, 이에 따라 유료 동영상 OTT 서비스에 대한 지불의사가 증가하고 있다. 앞으로 영국 동영상 OTT 시장의 성장은 넷플릭스나 아마존 프라임 비디오 같은 가입자형 글로벌 동영상 OTT 서비스가 견인할 것으로 예측되고 있다(한국콘텐츠진흥원, 2015).

가입자형 동영상 OTT 서비스가 크게 성장하고 있음에도 불구하고 동영상 OTT 서비스의 이용률 측면에서 보면 다른 주요 유럽 국가나 미국과 달리 공공재원으로 운영되는 BBC가 소유한 BBC 아이플레이어BBC iPlayer의 이용률이 유튜브보다 더 높다(〈표 3-3〉 참조). 공영방송인 BBC 콘텐츠의 강점을 동영상 OTT에서도 그동안 잘 활용한 결과라고 볼 수 있다. 그러나 BBC 아이플레이어가 이용률 측면에서 강세를 보이고 있음에도 불구하고 영국 역시 2019년 11월에 미국에서 새로 출시된 디즈니 플러스와 애플 TV 플러스에 따른 시장 영향과 판도 변화를 저울질하면서 글로벌 동영상 OTT 서비스에 국내 사업자들이 어떤 전략으로 대응해야 하는지를 모색 중이다.

디즈니 플러스와 애플 TV 플러스는 영국 동영상 OTT 시장에 2020년 초에 진출할 것으로 예상되고 있다. BBC(공영방송)와 ITV

표 3-3 **주요 유럽 국가와 미국의 동영상 OTT 서비스 이용률 순위(2019년 1분기)**

순위	영국	프랑스	독일	미국
1	BBC 아이플레이어	유튜브	유튜브	유튜브
2	유튜브	마이TF1	ZDF 미디어텍	넷플릭스
3	넷플릭스	넷플릭스	넷플릭스	아마존 프라임
4	ITV 허브	식스플레이	아마존 프라임	훌루
5	올포(All4)	페이스북	ARD 미디어텍	페이스북

자료: Ampere Analysis(2019), Parrot Analytics(2019)를 재구성.

(지상파 사업자)는 이에 대응해 전략적 제휴를 맺고 가입자형 동영상 OTT 조인트 벤처기업인 브릿박스BritBox를 2019년 11월에 시장에 출시했다. 현재 영국 동영상 OTT 시장에서 브릿박스, 디즈니 플러스, 애플 TV 플러스는 2023년까지 적어도 영국 총 가구 수의 5% 이상인 200만 가구 이상의 가입자를 확보할 것으로 예상되고 있다(Ampere Analysis, 2019).

이러한 가입자형 동영상 OTT 서비스의 시장 성장과 관련해 한 가지 흥미로운 점은 앞서 2장에서 언급한 동영상 OTT 서비스와 기존 유료방송 서비스 간의 보완적 또는 대체적 관계이다. 〈그림 3-7〉은 미국과 주요 유럽 국가의 가입자형 동영상 OTT 서비스와 유료방송의 보급률을 보여준다. 〈그림 3-7〉에서 가입자형 동영상 OTT 서비스의 가구별 보급률과 유료방송 보급률은 2018년까지는 나라별로 다른 것을 확인할 수 있다. 미국과 덴마크 및 스웨덴과 같은 나라에서는 두 서비스가 대체재에 가깝다. 그러나 영국, 프랑스, 스페인 같은 나라에서는 2018년까지는 두 서비스가 보완재에 가까우며 오히려 가입자형 동영상 OTT 서비스와 유료방송 서비스를 합친 시

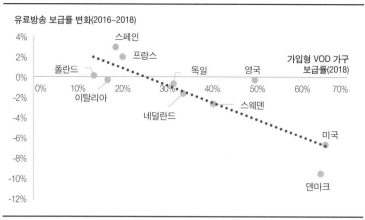

그림 3-7 **미국 및 주요 유럽 국가의 가입자형 동영상 OTT 보급률과 유료방송 보급률**

자료: Ampere Analysis(2019).

장의 규모가 성장했음을 알 수 있다. 특히 영국의 경우 앞서 언급한 바와 같이 공영방송 수신료가 매우 높은 수준임에도 현재까지는 두 서비스가 보완적으로 성장해 온 것으로 보인다. 물론 이러한 일시적 결과로 특정한 결론을 내리기에는 가입자형 동영상 OTT 서비스가 시장에 출시된 기간이 다소 짧다. 따라서 향후에 축적된 데이터 수집을 통해 계속적인 분석이 필요하다.

프랑스: 넷플릭스 시장 확장, SVOD 서비스 살토 출시로 대응

프랑스의 동영상 OTT 시장은 2014년에서 2018년까지 약 2.5배 성장했으며, 2018년부터 2023년까지 연평균 동영상 OTT 시장 성장률은 15.18%로 추정된다. 이 중 가입형의 성장률은 19.97%, 거래형의 성장률은 2.88%로 가입형 동영상 OTT 서비스에 의해 동영상 OTT 시장 성장이 견인될 것으로 예상된다(PwC, 2019).

2018년 가입형과 거래형을 포함한 동영상 OTT 시장 규모는 연 매출액 기준 5.5억 달러로 추정되며, 모바일 및 PC 기반 동영상 광 고시장의 규모는 약 9.8억 달러로 추정된다(PwC, 2019). 2019년 동 영상 OTT 이용률은 유튜브, 마이TF1MyTF1, 넷플릭스, 식스플레이 6play, 페이스북 순이며, 이용률 기준 상위 5개 동영상 OTT 서비스 가운데 3개 서비스가 글로벌 동영상 OTT 사업자에 의해 제공되고 있다(〈표 3-3〉참조).

넷플릭스는 2014년 9월 프랑스 OTT 시장에 진출한 이후로 2018 년까지 가입자 수가 8배 이상 증가한 것으로 추정되며, 2020년에는 614만 명의 가입자를 확보할 것으로 추정된다(Statista, 2018)(〈그림 3-8〉참조). 프랑스 동영상 OTT 시장에서는 2014년부터 2017년까 지 넷플릭스 스트리밍 서비스의 매출액이 12배 이상 증가했으며, 2022년까지 유럽에서는 영국 다음으로 프랑스가 독일과 함께 가장 많은 넷플릭스 가입자를 확보할 것으로 예상된다(Statista, 2018).

프랑스 동영상 OTT 시장은 2014년 9월에는 넷플릭스가, 2016년 12월에는 아마존 프라임 비디오가 진출한 이후 방송산업 생태계에 서 콘텐츠 투자 등의 경쟁이 가속화되고 있다. 오렌지Orange와 카날 플러스CANAL+의 전략적 제휴사례와 같이 통신사업자와 기존의 영상 사업자가 제휴를 통해 새로운 가입 상품을 출시하는 등 경쟁이 치 열해지고 있다. 특히 2020년에 프랑스 시장에서 출시되는 글로벌 동영상 OTT 서비스인 디즈니 플러스와 애플 TV에 대응하기 위해 프랑스 내 기존 방송사업자인 프랑스 텔레비지옹France Television, TF1,

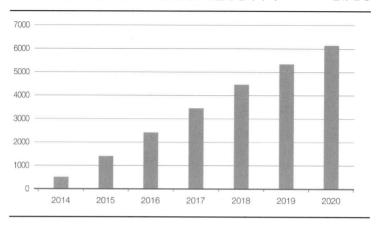

그림 3-8 **프랑스 내 넷플릭스 스트리밍 서비스 가입자 증가 추이**　　　단위: 천 명

M6가 전략적 제휴를 맺어 2020년에 SVOD 서비스인 살토Salto를 출시할 예정이다. 이와 같이 글로벌 동영상 OTT 사업자와의 경쟁이 치열해지면서 2013년 이후 카날플러스와 카날샛Canalsat 같은 기존 유료방송사업자의 가입자 수가 줄어드는 등 코드커팅 현상도 일부 나타나고 있다(이상원, 2018).

하지만 〈그림 3-7〉에서 확인할 수 있듯이, 기존의 프랑스 유료방송시장은 2018년까지 동영상 OTT 시장과 함께 보완적으로 성장해 온 것으로 보인다. 디즈니 플러스와 애플 TV플러스가 프랑스 시장에 출시되고 SVOD 서비스인 살토가 함께 경쟁하기 시작하는 해인 2020년 이후에도 이러한 추세가 유지될 것인지에 대해서는 계속적인 모니터링과 분석이 필요할 것이다.

독일: 유튜브, 넷플릭스, 아마존 강세, 조인 출시로 대응

독일의 동영상 OTT 시장은 2018년부터 2023년까지 가입형과 거래형을 합한 VOD 시장의 평균 매출액 성장률이 8.9%로 추정되고 있으며, 가입형의 성장률은 10.7%, 거래형의 성장률은 5.3%로 가입형이 거래형에 비해 거의 2배 빠르게 성장한 것으로 추정된다(PwC, 2019).

독일 동영상 OTT 비디오 시장의 규모는 2018년 연 매출액 기준 약 11억 달러이며, 모바일 및 PC 기반 동영상 광고시장의 규모는 약 12억 달러로 추정된다(PwC, 2019). 독일의 경우 2015년부터 가입자형 동영상 OTT 서비스 매출이 거래형 동영상 OTT 서비스의 매출 규모를 추월했으며, 가입형 동영상 OTT 시장의 규모는 2018년에 약 7억 달러, 거래형 동영상 OTT 시장의 규모는 2018년에 약 4억 달러로 추정된다(PwC, 2019). 보급률 측면에서도 가입형 동영상 OTT 서비스는 2019년에 24.5%였으며, 2023년에는 26.3%에 도달할 것으로 예상된다(Statista, 2019).

동영상 OTT 시장의 이용률 측면에서는 글로벌 사업자인 유튜브가 1위를 차지하고 있으며, 가입형 동영상 OTT 시장에서는 넷플릭스, 아마존 및 훌루 순서로 수요가 높은 것으로 나타났다(〈표 3-3〉 참조). 이처럼 독일 동영상 OTT 시장의 성장도 글로벌 사업자에 의해 견인되고 있다. 특히 넷플릭스는 2018년 전체 가입형 동영상 OTT 시장에서 70%가 넘는 시장 점유율을 확보했다. 넷플릭스는 2014년 9월 독일 OTT 시장에 진출한 이후 2017년까지 스트리밍 서비스의 매출액이 15배 이상 매우 빠르게 증가했으며, 2018년에 독일을 포함한 유럽에 10억 달러(약 1조 원) 규모의 콘텐츠 제작 투자를 실행했다(eMarketer, 2018).

독일 동영상 OTT 시장에서도 글로벌 동영상 OTT 서비스인 디즈니 플러스와 애플 TV 플러스가 2020년에 출시될 것으로 예상되고 있다. 도이치텔레콤Deutsche Telekom, 보다폰 소유의 카벨 도이칠란트 Kabel Deutschland, 유니티미디어Unitymedia 등 독일 유료방송사업자들은 이에 대응하기 위해 자사 유료방송과 연동한 N스크린 서비스를 출시해 운용하면서 글로벌 OTT 사업자와의 경쟁을 강화해 왔다(정보통신정책연구원, 2017a).

2019년 6월에는 방송사업자 프로지벤자트아인스ProSiebenSat.1와 디스커버리Discovery가 조인트 벤처 형태의 제휴를 통해 동영상 OTT 플랫폼 조인Joyn을 출시했다(ProSiebenSat.1, 2019). 조인은 현재 50개 이상의 실시간 채널과 다양한 오리지널 콘텐츠를 제공하고 있다.

독일의 경우 〈그림 3-7〉에서 확인할 수 있듯 가입형 동영상 OTT 서비스의 확산과 함께 기존 유료방송 보급률이 다소 감소했다. 하지만 현재 두 서비스가 미국이나 덴마크, 스웨덴과 같이 명확한 대체관계를 형성하고 있다고 판단하기는 어려운 상황이므로 향후 지속적인 모니터링이 필요하다.

글로벌 동영상 OTT 사업자들의 전략

2장에서 간단히 살펴본 바와 같이 글로벌 동영상 OTT 시장의 성장과 함께 주요 글로벌 동영상 OTT 사업자들의 시장 성과가 점차 커지면서 그 영향력도 점차 높아지고 있다. 그렇다면 글로벌 동영상 OTT 사업자들은 주로 어떤 전략을 이용해 글로벌 동영상 OTT 시장에 진출하고 있는 것일까? 동영상 OTT 시장에서는 콘텐츠가 상품이며, 콘텐츠는 다른 제품이나 서비스에 비해 문화적 할인이 있어서 글로벌 시장에 진출하는 데 보이지 않는 장벽도 존재한다. 그럼에도 글로벌 동영상 사업자들은 어떻게 로컬 미디어 시장에서 기존의 로컬 미디어 사업자와 경쟁하고 우월한 시장 성과를 성취할 수 있었을까? 물론 글로벌 사업자마다 이용하는 전략에는 차이가 있지만 공통적으로 이용되는 해외시장 진출전략을 몇 가지로 나누어 살펴보자.

오리지널 콘텐츠 전략, 수직적 통합 및 선순환 체계 확보

동영상 OTT 사업은 콘텐츠가 최종 상품이다. 따라서 글로벌 사업자들의 여러 전략은 결국 최종 상품인 콘텐츠를 제대로 제공하는 것과 관련된다. 콘텐츠와 관련해 가장 중요한 전략 중 하나가 오리지널 콘텐츠 전략이다. 오리지널 콘텐츠에는 동영상 OTT 사업자가 직접 기획·제작·방영하는 콘텐츠, 다른 방송사나 콘텐츠 제작사와 공동제작한 콘텐츠, 라이선스 구입을 통해 독점적으로 방영하는 콘텐츠가 포함된다(정보통신정책연구원, 2017b).

오리지널 콘텐츠 전략은 현재 글로벌 동영상 OTT 서비스 1위 사업자인 넷플릭스가 사업 초기에 콘텐츠 사업자가 아닌 플랫폼 사업자로 출발했던 상황과 관련된다. 넷플릭스는 2011년경까지는 주로 콘텐츠 사업자가 제작한 콘텐츠를 유통하는 데 주력했다. 하지만 2011년 이후 워너브라더스Warner Bros와 같은 콘텐츠 제작업체들이 고액의 콘텐츠 라이선스 비용을 요구하자 콘텐츠를 자체 제작하는 것이 장기적으로 콘텐츠 수급에 유리하다고 판단하고 오리지널 콘텐츠 제작을 추진하기 시작했다. 즉, 넷플릭스는 플랫폼 사업자가 콘텐츠 제작도 계열화하는 '수직적 통합vertical integration'[7]을 추진했다.

오리지널 콘텐츠 전략은 동영상 OTT 사업이 지녀야 하는 미래 경쟁력의 원천인 콘텐츠 투자와 직접적으로 연결된다. 〈그림 3-9〉는 넷플릭스 등 주요 글로벌 동영상 OTT 사업자들이 2014년부터 2019년까지 출시한 오리지널 콘텐츠 수를 보여준다.

〈그림 3-9〉를 보면 현재 글로벌 SVOD 1위 사업자인 넷플릭스가 최근 출시한 오리지널 콘텐츠 수는 다른 글로벌 경쟁 사업자보다 월등히 많으며, 대부분의 글로벌 동영상 OTT 사업자도 출시하는 오리지널 콘텐츠 수를 매년 증가시키고 있음을 알 수 있다. 매년 출시되는 오리지널 콘텐츠 수가 증가한다는 것은 동영상 OTT 산업 경쟁력의 원천인 콘텐츠에 대한 투자가 그만큼 증가되고 있으며 글로벌 사업자 간 경쟁이 치열해지고 있음을 의미한다.

오리지널 콘텐츠에 대한 투자는 기본적으로 독점 콘텐츠를 통해

7 　기업이 경쟁력 및 통제력 강화 등을 목적으로 외부의 유통업체나 공급업체를 흡수하는 전략을 의미한다. 넷플릭스의 오리지널 콘텐츠 전략을 수직적 통합에 적용한다면 유통 기업이 제조사를 통합하는 후방통합(backward integration)에 가깝다고 할 수 있다. 동 영상 OTT 산업에서 이루어지는 수직적 통합은 반대로 기존의 콘텐츠 사업자가 플랫폼 사업을 통합하는 전방통합(forward integration)의 사례도 될 수 있다. 즉, 디즈니와 같은 기존 콘텐츠 사업자의 플랫폼 통합은 전방통합이라고 볼 수 있다.

그림 3-9 주요 글로벌 동영상 OTT 사업자들이 출시한 오리지널 콘텐츠 수

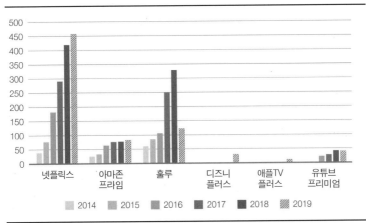

주: 2019년에 출시된 오리지널 콘텐츠 수는 2019년 11월 15일까지의 수치임.
자료: 넷플릭스 Media Center; Amazon Studio; Hulu Press; reelgood.com.

다른 동영상 OTT 기업과의 차별화를 추구하는 측면도 있지만, 오리지널 콘텐츠에 투자함으로써 콘텐츠 경쟁력을 제고하고 더 많은 가입자를 유치하려는 전략이라고 볼 수 있다. 더 많은 가입자를 유치하게 되면 넷플릭스와 같이 콘텐츠 투자액을 증가시키고 향후 시장에서 더 많은 가입자를 다시 확보하는 선순환 체계를 이룰 수 있기 때문이다. 또한 초기에는 콘텐츠 생산비용이 큰 편이지만 일단 콘텐츠 제작이 완성된 이후에는 장기 평균비용이 하락하는 '규모의 경제'가 발생하는 미디어 산업의 특성을 고려했을 때 오리지널 콘텐츠에 대한 투자는 동영상 OTT 기업들에게 장기적으로 효율성을 가져다줄 수 있다.

실제 넷플릭스의 오리지널 콘텐츠 전략은 그동안 매우 성공적인

그림 3-10 **넷플릭스의 오리지널 콘텐츠 영화 〈옥자〉(2017)와 드라마 〈킹덤〉(2019)**

것으로 평가되어 왔다. 넷플릭스는 에미상을 수상한 정치 스릴러 드라마 〈하우스 오브 카드House of Cards〉를 2013년에 방영하면서 HBO와 같은 프리미엄 유료 TV 채널에 필적하는 오리지널 콘텐츠 브랜드로서의 명성을 획득했다. 넷플릭스UK는 영국의 엘리자베스 2세를 다룬 정치 드라마 〈더 크라운The Crown〉에 1억 파운드를 투자했으며, 2016년 11월에 이를 성공적으로 방영했다. 넷플릭스는 2017년에도 범죄 드라마 〈마인드헌터Mindhunter〉, 영화 〈옥자〉 등으로 성공을 거두었다.

넷플릭스는 2016년 국내에 진출한 이후 2019년까지 〈킹덤〉 등 국내 오리지널 콘텐츠 투자에 1500억 원 이상을 투자했다. 넷플릭스는 자신들이 직접 제작한 콘텐츠와 구매한 콘텐츠의 비율을 50 대 50으로 맞추면서 저작권을 가진 회사들과의 직접 경쟁을 추구해 왔으며, 오리지널 콘텐츠 제작에만 2017년 60억 달러, 2018년 80억 달러 이상, 2019년 150억 달러(한화 16조 8735억 원) 이상의 대규모 투자를 계속적으로 단행해 왔다.

오리지널 콘텐츠의 장르 측면에서 볼 때 넷플릭스는 초기에는 주로 드라마에 집중했으나 최근에는 영화, 코미디, 다큐멘터리로 장르 확장을 시도하고 있다. 이처럼 장르가 확장되면 '범위의 경제'가 적용될 여지가 있다. 예를 들어 드라마와 영화는 서로 다른 장르이지만 생산요소가 공유될 여지가 있기 때문이다.

아마존 프라임의 경우 쇼타임, 스타즈 등의 프리미엄 유료 케이블 채널을 온라인에서 유료로 이용할 수 있다. 따라서 넷플릭스의 콘텐츠 투자액에는 미치지 못하지만 플랫폼을 통해 실질적으로 제공되는 콘텐츠의 폭과 수가 매우 크다(정보통신정책연구원, 2017b). 아마존 프라임의 2016년 골든 글로브상 수상작인 〈모차르트 인 정글Mozart in the Jungle〉은 대중적인 인기와 작품성을 모두 확보한 것으로 평가받고 있으며, 넷플릭스의 해외시장 진출전략과 유사하게 2016년경부터는 비영어 로컬 콘텐츠도 제작해 제공하고 있다(정보통신정책연구원, 2017b). 이와 함께 아마존 프라임은 대표적인 영화감독을 영입해 각국의 고유 드라마를 리메이크로 제작함으로써 콘텐츠의 독점성을 확보하는 전략도 이용하고 있다. 아마존 프라임의 2019년 콘텐츠 투자액은 70억 달러에 달한다.

미국 내 유료 동영상 OTT 서비스 3위 사업자인 훌루도 영화 제작 등 오리지널 콘텐츠 확대로 콘텐츠 경쟁력을 강화하고 있다. 훌루는 2018년 콘텐츠에 약 25억 달러를 투자했는데 이는 넷플릭스나 아마존 프라임의 콘텐츠 투자액에 비해서는 상대적으로 작은 규모이다. 그러나 과거 훌루의 지분을 미국의 주요 TV 네트워크가 보유하고 있었기 때문에 실제로는 TV 프로그램 중심의 콘텐츠를 넷플릭스와도 경쟁이 가능할 만큼 대거 보유하고 있다(정보통신정책연구원, 2017b). 홀루의 오리지널 콘텐츠 중 〈핸드메이즈 테일Handmaid's Tale〉은 2017년 에미상 시상식에서 최우수 드라마상, 여우주연상, 최우수 각본상, 최우수 연출상 등을 수상했을 만큼 대중적이면서도 완성도가 높다는 평가를 받았다. 2019년에 디즈니가 홀루의 경영권을 장악했으므로 향후 홀루는 성인 대상 TV 프로그램에 집중할 것으로 보인다(이상원, 2019).

한편 2019년 11월 12일에 출시된 디즈니 플러스는 기존의 디즈니 콘텐츠 7000여 편과 〈더 만달로리안The Mandalorian〉 같은 오리지널 시리즈와 영화 등 디즈니 플러스 오리지널 콘텐츠 약 35편 및 기타 영화 500편 등을 제공하고 있다. 디즈니는 디즈니 플러스를 출시한 후 홀루와 서비스 영역이 중복되지 않도록 두 플랫폼에 독점 콘텐츠를 나누어 제공하는 전략을 실행 중이다(이상원, 2019). 즉, 디즈니 플러스는 가족용 콘텐츠에 중심을 두고 홀루는 스포츠 중계, TV 쇼 등 성인용 콘텐츠에 초점을 맞추는 연령대별 시장세분화에 기반한 '맞춤형 플랫폼 전략'을 구사하는 한편, 향후 두 플랫폼의 결합상품도 고려하는 전략을 추진 중이다. 넷플릭스의 콘텐츠를 홀루와 디즈니 플러스의 콘텐츠와 비교하면 스포츠 중계나 애니메이션 등에서 홀루와 디즈니 플러스가 경쟁우위를 확보할 가능성이 있다. 이러한 점을 고려한다면 독점적 오리지널 콘텐츠 측면에서 홀루와 디즈니 플러스는 향후 넷플릭스의 강력한 경쟁자가 될 수 있을 것이다.

2019년 11월 1일에 출시된 애플 TV 플러스도 2020년까지 60억 달러 이상의 오리지널 콘텐츠 투자를 계획하고 있으며, 〈디킨슨 Dickinson〉, 〈포 올 맨카인드For All Mankind〉, 〈엘리펀트 퀸The Elephant Queen〉과 같은 오리지널 시리즈 및 영화를 제공 중이다. 이와 함께 유튜브도 UGC 중심에서 유튜브 프리미엄 서비스를 위해 최근 5년 간 130개 이상의 오리지널 콘텐츠를 제공하는 전략을 추진했다.

인수·합병 및 전략적 제휴

글로벌 동영상 OTT 사업자들은 인수·합병 및 로컬 미디어 사업 자들과의 전략적 제휴를 통해 콘텐츠 경쟁력을 강화하면서도 글로 벌 진출을 도모하고 있다. 〈표 3-4〉에서 제시된 주요 동영상 OTT 관련 사업자들의 인수·합병 사례는 주로 각 사업자가 콘텐츠 경쟁 력을 보완 및 강화해 향후 경쟁우위를 확보하려는 전략적 포석에서 나온 결과로 판단된다.

예를 들어 넷플릭스는 2017년과 2018년에 각각 코믹북 출판업체 인 밀러월드Milarworld와 TV 프로그램 및 영화 제작 스튜디오인 ABQ 스튜디오ABQ Studio를 인수했다. 이러한 콘텐츠 생산 관련 업체를 인 수한 것은 플랫폼 사업자로 출발한 넷플릭스가 대량의 자체 콘텐츠 를 제공하기 위해 필수불가결한 선택이었을 것이다.

2019년에 3월 디즈니는 미디어 재벌 루퍼트 머독Rupert Murdoch이 소유한 21세기폭스 엔터테인먼트를 710억 달러에 인수하는 계약을 체결했다. 이때 21세기폭스 엔터테인먼트가 보유한 훌루 지분도 함 께 확보했으며, 2019년 5월 컴캐스트가 보유하고 있던 훌루 지분 33%를 넘겨받기로 합의하면서 훌루에 대한 운영 및 통제권을 컴캐

표 3-4 **2014년 이후 글로벌 동영상 OTT 사업 관련 인수·합병 사례**

사업자	피인수·합병기업 (인수·합병연도)	인수·합병 사업 분야	인수·합병 규모
넷플릭스	밀러월드(2017)	코믹북 출판	1억 달러
	ABQ 스튜디오(2018)	TV 프로그램 및 영화 제작	300억 달러 미만으로 추정
구글(유튜브)	밴드페이지(2016)	뮤지션-팬 플랫폼	800만 달러
	페임빗(2016)	브랜디드 콘텐츠, 디지털 마케팅	비공개
아마존	트위치(2014)	게임 전용 인터넷 방송 플랫폼	10억 달러
	루프탑 미디어(2014)	코미디 콘텐츠	비공개
디즈니	21세기 폭스 엔터테인먼트(2019)	TV 프로그램 및 영화 제작	710억 달러
	훌루(2024년 완료)	동영상 OTT 플랫폼	275억 달러(2024년)
AT&T	다이렉트TV(2015)	유료방송(위성)	490억 달러
	타임워너(2018)	유료방송 채널, TV 프로그램 및 영화 제작 배급	854억 달러
컴캐스트	스카이(2018)	유료방송	390억 달러

자료: 곽규태(2019)를 바탕으로 정보 추가 및 재구성.

스트로부터 넘겨받았다(이상원, 2019). 디즈니가 21세기폭스 엔터테인먼트와 훌루를 인수한 것은 향후 훌루와 2019년 11월 출시된 디즈니 플러스라는 두 개의 동영상 OTT 플랫폼을 통해 현재 글로벌 동영상 OTT 비디오 시장의 강자인 넷플릭스와 경쟁하기 위한 치밀한 전략적 행보였다.

이와 함께 AT&T와 같은 미국 거대 통신사업자도 동영상 OTT 사업에 진출하기 위해 대규모의 인수를 성사시켰다. AT&T는 2018년 6월 미국의 대형 미디어 콘텐츠 기업인 타임워너Time Warner를 854억 달러에 인수했다. 타임워너는 터너Turner(TBS, TNT, CNN 등 주요 유료방송 채널), HBO, 워너브라더스 엔터테인먼트를 보유한 주요 미디어 기업이다. 넷플릭스가 플랫폼 기업으로 출발해 콘텐츠를 직접 제작하는 것이 절실히 필요했듯이 통신사업자인 AT&T도 동영상 OTT 사업에 진입하기 위해서는 타임워너 같은 미디어 콘텐츠 기업을 인수하는 것이 필수라고 판단했던 것이다.

AT&T가 타임워너를 인수한 것은 2020년 5월 동영상 OTT 서비스인 HBO맥스HBO Max를 출시하는 계획의 밑거름이 되었다. AT&T로서는 HBO와 워너브라더스 엔터테인먼트를 보유한 타임워너를 인수하지 않고 자체적으로 동영상 OTT 서비스를 출시해 넷플릭스와 디즈니 등의 동영상 OTT 사업자와 경쟁하는 것이 매우 비현실적이라고 판단했을 것이다. 또한 타임워너를 인수하지 않았더라면 HBO맥스가 인기 TV 시리즈 〈왕좌의 게임Game Of Thrones〉과 영화 〈해리포터〉 같은 인기 콘텐츠를 2020년 5월에 동영상 OTT를 통해 제공하는 것은 불가능했을 것이다.

AT&T의 최고경영자 랜들 스티븐슨Randall Stephenson은 "워너브라더스, HBO, 터너가 보유한 콘텐츠 및 크리에이티브 재능은 1급이다. 고객과 바로 연결되는 AT&T의 배포망과 결합해 차별화된 고품질의 모바일 퍼스트 경험을 제공할 수 있게 되었다"라고 강조한 바 있다(김익현, 2018).

글로벌 동영상 OTT 사업자들은 이러한 인수·합병과 더불어 로컬 미디어 사업자들과도 전략적 제휴를 맺음으로써 해외 진출에서 성공을 거두고 있다.

〈표 3-5〉에서 확인할 수 있듯이 넷플릭스는 영국에서 케이블 사업자인 버진 미디어, 통신사업자인 보다폰, BT 등과 전략적 제휴를

표 3-5 **넷플릭스의 글로벌 동영상 OTT 사업 관련 전략적 제휴 사례**

국가	전략적 제휴 시점	전략적 제휴 기업
영국	2013년 9월	케이블TV사업자 버진 미디어
	2014년 5월	통신사업자 보다폰
	2014년 10월	통신사업자 BT
프랑스	2014년 9월	통신사업자 부이그
	2014년 10월	통신사업자 오렌지
스웨덴	2013년 9월	케이블TV사업자 콤헴
덴마크	2013년 11월	통신사업자 와우
독일	2014년 10월	통신사업자 DT
일본	2015년 8월	통신사업자 소프트뱅크
미국	2014년 10월	통신사업자 버라이즌
	2014년 12월	통신사업자 디시
한국	2018년 5월	통신사업자 LGU+
	2019년 11월	콘텐츠 사업자 스튜디오드래곤(CJ E&M 자회사)
	2019년 11월	콘텐츠 사업자 JTBC 콘텐츠 허브(JTBC 자회사)

자료: 미래에셋대우 리서치센터(2017)를 바탕으로 정보 추가 및 재구성.

체결함으로써 급격하게 성장했다.

넷플릭스는 프랑스에서도 2014년 통신사업자인 부이그Bouygues, 오렌지 등과 전략적 제휴를 체결했고, 스웨덴에서는 케이블TV 사업자인 콤헴Com Hem과 전략적 제휴를 맺으면서 빠르게 성장했다. 넷플릭스는 유료방송사업자와 제휴를 체결하는 경우에는 주로 제휴 대상 기업으로 하여금 넷플릭스의 콘텐츠를 제공하게 하는 전략을 구사했다.

국내에서도 넷플릭스는 2018년 5월에 통신 시장 3위 통신사업자였던 LGU+와 전략적 제휴를 체결하고 LGU+의 IPTV 플랫폼 내에서 넷플릭스 플랫폼이 운영되는 '플랫폼 인 플랫폼Platform in Platform:

PIP' 방식으로 넷플릭스의 서비스를 제공했다. PIP를 통한 전략적 제휴는 넷플릭스와 미국의 유료방송사 간 제휴에서도 흔히 볼 수 있는 방식으로, LGU+의 기존 유료방송 가입자를 유지 및 증가시키는 데에도 공헌한 것으로 보인다.

이와 함께 2019년 11월 넷플릭스는 콘텐츠 사업자인 CJ E&M의 자회사 스튜디오드래곤과 전략적 제휴를 체결함으로써 2020년 1월부터 3년 동안 오리지널 콘텐츠를 공동제작할 예정이며, CJ E&M이 유통권을 보유한 스튜디오드래곤의 콘텐츠 중 일부를 넷플릭스를 통해서도 유통할 계획이다(김경진, 2019). 아울러 넷플릭스는 2019년 11월에 콘텐츠 사업자이자 JTBC 자회사인 JTBC 콘텐츠 허브와도 다년간의 콘텐츠 유통 파트너십을 체결했다(김문기, 2019). 이에 따라 국내에서는 통신사업자이자 CJ 헬로비전을 인수한 유료방송 사업자인 LGU+가 넷플릭스 콘텐츠 서비스를 위해 유료방송 플랫폼을 제공하게 되었고, 넷플릭스는 자신의 온라인 플랫폼을 통해 콘텐츠를 공급할 수 있게 되었다. 넷플릭스는 국내에서 콘텐츠 경쟁력을 지닌 CJ E&M과 JTBC와의 제휴를 통해 장기적으로 계속적이면서 안정적으로 콘텐츠를 공급할 수 있는 기반을 마련하게 된 것이다.

넷플릭스가 국내 기업과 전략적 제휴를 맺은 것은 한류 콘텐츠의 강점을 가진 한국을 전초기지로 삼아 동남아시아 등 한류 콘텐츠의 인기가 지속되고 있는 지역에서 넷플릭스 서비스를 성공적으로 확산시키려는 전략적 포석으로 해석된다.

서비스 최적화 전략

글로벌 동영상 OTT 사업자들의 주요 전략 중 하나는 빅데이터 분석과 추천 알고리즘의 혁신을 통해 맞춤형 콘텐츠를 소비자에게 제공하다는 것이다. 빅데이터 분석에 기반한 세련된 콘텐츠 큐레이션은 소비자에게 최적화된 경험을 제공하고 있으며, 이러한 경험은 이용자 기반을 계속 증가시키고 있다.

N스크린 시대가 되면서 소비자는 다양한 디바이스를 통해 수많은 콘텐츠에 접근할 수 있게 되었고, 이러한 콘텐츠의 폭증은 이용자가 원하는 콘텐츠를 찾기 어렵게 만드는 '발견의 병목현상bottleneck of discovery'을 초래했다(문성길, 2017). 발견의 병목현상이 발생하는 미디어 환경에서는 소비자에게 최대한 빠른 시간 내에 소비자의 선호를 최대한 반영한 최적의 콘텐츠를 제공해야 소비자의 콘텐츠 서비스 만족도를 증가시킬 수 있다. 앞서 1장에서 간단히 언급했듯이 디지털 트랜스포메이션 사회에서는 소비자에게 단순히 상품과 서비스를 제공하기보다는 최적 경험을 제공할 필요성이 증대된다.

글로벌 동영상 OTT 사업자인 넷플릭스, 아마존, 유튜브 등이 제공하는 콘텐츠 추천 서비스는 알고리즘을 통해 콘텐츠 소비자에게 최적화된 경험을 제공하려는 시도이다(이상원, 2018a). 넷플릭스의 제품혁신 부사장인 토드 옐린Todd Yellin도 "넷플릭스 사용자 경험의 핵심은 추천시스템이다. 넷플릭스의 추천시스템은 차로 비유하면 엔진에 해당한다. 서비스를 지탱하는 핵심 기술이다"라고 설명한 바 있다(강일용, 2016). 넷플릭스의 경우 이미 시청자의 약 75%가 이와 같은 넷플릭스의 추천시스템에 따르고 있으며, 넷플릭스 시청자의 약 80% 이상은 알고리즘을 통한 개인화 추천시스템에 만족하고 있다(이상원, 2018a).

이러한 추천시스템은 플랫폼에서 콘텐츠 수요와 콘텐츠 공급을 연결함으로써 비주류인 틈새 콘텐츠 상품의 수요가 블록버스터 영화와 같은 주류 콘텐츠 상품의 수요를 초과하는 롱테일long tail[8] 현상의 동인이 될 수도 있다. 흥미로운 점은 넷플릭스가 제공하는 추천시스템의 비결이 수많은 인력이 동원된 수작업 방식이라는 점이다. 넷플릭스에 신작이 입고되면 내부의 콘텐츠 팀은 해당 영화, 드라마, 애니메이션을 모두 감상한 후 엑셀 스프레드시트에 해당 영화와 관련 있다고 생각되는 정보를 일일이 수작업으로 입력한다. 이러한 수작업 정보는 영화를 최소 수준까지 나누어 정밀하게 분석해서 데이터화하는 것으로 알려져 있다(강일용, 2016; 문성길, 2017).

동영상 OTT 기업의 추천시스템 사례는 향후 동영상 OTT를 통한 콘텐츠 유통에서는 추천시스템의 정확도가 콘텐츠 기업의 경쟁력의 원천이 될 것임을 암시한다(이상원, 2018a). 또한 빅데이터와 인공지능 기술의 진화에 따라 이러한 서비스 최적화 전략을 활용하는 범위는 더욱 확대될 것으로 보인다.

넷플릭스와 같은 글로벌 동영상 OTT 사업자는 또한 프로필 기능을 지닌 다수 계정 공유 서비스, 검색 기능, 다음 에피소드 자동 재

---

8 개별 매출액은 낮은 수준이지만 각각의 개별 매출을 합하면 히트상품 이상의 매출을 올릴 수 있는 틈새상품을 이용하는 전략을 의미한다. 이는 전체 매출의 80%가 20%의 핵심 고객 및 주력 상품에서 나오며 핵심 고객 20%에 주력하는 파레토 법칙에 근거한 전략과 대비된다.

생 등을 통해 시청의 편의성도 제고하고 있다(문성길, 2017). 예를 들어 넷플릭스의 경우 하나의 계정으로 4명까지 이용할 수 있는데, 각각의 이용자에게 프로필에 근거해 서로 다른 맞춤형 콘텐츠를 추천해 줄 뿐 아니라 드라마가 끝나고 15초 후에 다음 회가 연속해서 재생되는 자동 재생 기능을 제공하는 등 시청자 편의성을 극대화하고 있다.

연결성을 강화하는 플랫폼 전략

글로벌 동영상 OTT 사업자는 전술한 오리지널 콘텐츠 전략과 같은 콘텐츠 상품전략과 함께 플랫폼을 통해 콘텐츠 수요자와 공급자 간 연결성을 강화하는 전략도 구사하고 있다. 예를 들어 넷플릭스는 스마트폰과 태블릿 PC뿐만 아니라 게임콘솔, 블루레이 등 다양한 기기를 지원하는 N스크린 서비스 제공을 강화함으로써 연결성을 강화하고 있다(이상원, 2018b). 이는 디바이스 제약이 적은 OTT 서비스의 강점과 저렴한 요금을 바탕으로 N스크린 전략을 이용해 가입자 기반을 확대하는 한편 케이블TV 등 기존 유료방송사업자와 협력해 콘텐츠를 제공하는 전략으로 볼 수 있다. 이러한 연결성 강화 전략은 다른 글로벌 동영상 OTT 사업자들도 구사 중이다. 유튜브는 모바일 페어링 기술을 통해 스마트폰, PC, TV로 이어지는 N스크린 서비스를 제공하고 있으며, 훌루 플러스Hulu Plus는 PC에서만 서비스를 제공하던 훌루와 달리 다양한 디바이스에서 서비스를 제공하고 무료 서비스와 유료 서비스를 조합해 수익을 추구하는 전략을 실행하고 있다(이상원, 2018b).

그렇다면 향후 동영상 OTT 사업자들은 콘텐츠 투자를 통해 질 좋은 콘텐츠를 생산하는 데 더 초점을 맞추어야 할까? 아니면 이미 생산된 콘텐츠를 종합하고 교환하면서 연결성을 강화하는 데 더 초점을 맞추어야 할까? 물론 오리지널 콘텐츠 전략 등을 통해 질 좋은 콘텐츠를 생산하는 것은 앞으로도 매우 중요할 것이다. 그렇지만 디지털 트랜스포메이션의 확산과 심화에 따라 사용자, 제품, 기능 간 연결성을 강화하는 플랫폼 전략은 동영상 OTT 기업의 핵심적 전략 중 하나가 될 것이다. 바라트 아난드Bharat Anand가 제시했듯이 질 좋은 콘텐츠도 여전히 중요하지만 좋은 콘텐츠는 성공을 위한 필요조건도 충분조건도 아닌 기본조건이다(Anand, 2016). 과거의 ICT 기업의 사례를 살펴보면, 아마존은 제품에 초점을 두는 전략에서 플랫폼 전략으로 전환하면서 2004년부터 2008년까지 전자상거래 판매가 매년 25~30% 성장했고, 페이스북도 플랫폼 전략을 이용하면서 2007년부터 2015년까지 사용자가 5000만 명에서 10억 명 이상으로 증가하는 등 직접적 및 간접적 네트워크 효과는 플랫폼을 통해 사용자와 사용자, 사용자와 공급자를 연결하며 사용자들에게 더 높은 효용과 가치를 제공하고 있다(Anand, 2016).

이러한 사례와 디지털 트랜스포메이션이 확산 및 심화되는 상황을 고려한다면 향후 고품질 콘텐츠 제작 전략만으로 동영상 OTT 기업이 성공하기는 어려울 것으로 보인다. 사용자, 콘텐츠 상품, 기능 간 연결성 강화를 통한 플랫폼 전략은 미래에도 동영상 OTT 사업자에게 중요한 혁신 전략이 될 것이다.

글로벌 시장 진출을 통한 콘텐츠 규모의 경제 추구와 현지화 전략

넷플릭스와 같은 동영상 OTT 사업자가 기존의 유료방송사업자들과 확연히 다른 점 가운데 하나는 글로벌 서비스의 가입자를 확장시킴으로써 콘텐츠 규모의 경제를 추구하는 전략을 구사한다는 점이다. 넷플릭스의 글로벌 가입자 비율은 해마다 증가해 왔으며, 2019년 10월 기준 넷플릭스 스트리밍 서비스의 해외 가입자 비율은 61.7%를 넘어섰다(Statista, 2019). 생산량이 증가함에 따라 콘텐츠 단위당 장기평균비용Long Run Average Cost: LRAC이 하락하는 콘텐츠 규모의 경제를 해외 진출을 통해 실현하는 전략이라고 할 수 있다. 넷플릭스가 해외 진출한 나라의 수가 2019년에 190개국 이상임을 고려하면 콘텐츠 규모의 경제로 인한 효과가 매우 크다는 것을 짐작할 수 있다.

넷플릭스의 경우 특히 인프라 수준이 낮거나 방송사업권 규제가 낮은 지역으로 진출함으로써 규모의 경제를 통한 경제적 효율성을 달성하고 있다. 예를 들어 아시아, 아프리카, 중동 지역과 같이 상대적으로 OTT 서비스가 발달되지 않은 지역 가운데 콘텐츠 소비에서 모바일 중심이 될 가능성이 높고 광범위하게 연결된 IT 기기를 통해 프리미엄 비디오 서비스 시장이 성장할 가능성이 높은 지역에 진출해 성공을 거두고 있다.

넷플릭스는 글로벌 시장에서 한편으로는 규모의 경제를 추구하면서도 다른 한편으로는 시청자의 성향과 선호도에 대한 빅데이터를 수집 및 분석함으로써 콘텐츠를 현지화하는 데에도 성공했다(문성길, 2017). 예를 들어 넷플릭스는 네덜란드에 진출할 당시 네덜란드의 불법 파일 공유 사이트를 분석한 후 네덜란드에서 가장 인기 있는 콘텐츠 중 하나가 〈프리즌 브레이크Prison Break〉임을 파악하고 〈프리즌 브레이크〉의 네덜란드 방영권을 구매한 바 있다(조영신, 2014). 일본에서는 자국 콘텐츠를 선호하는 일본 시청자의 콘텐츠 소비 경향을 파악해 일본인이 좋아하는 로컬 콘텐츠를 증가시키는 한편, 세계적으로 인기를 끌고 있는 킬러콘텐츠에 자막이나 더빙을 넣는 식의 현지화 전략을 추진했다. 넷플릭스는 다른 해외 국가에서는 20% 미만 수준에서 로컬콘텐츠를 라인업했으나, 일본에서는 일본인의 콘텐츠 소비 경향에 맞추어 일본 콘텐츠와 해외 콘텐츠를 각각 50%씩 라인업하기도 했다(이상원, 2018b). 이와 함께 넷플릭스는 2019년 기준 해외 진출국의 사용자 인터페이스와 고객 지원을 목적으로 총 26개국의 언어를 공식적으로 지원하는 등 다양한 현지화 전략을 구사하고 있다. 이와 같은 현지화 전략에서 넷플릭스의 소비자 편의주의를 엿볼 수 있다.

가격전략: 시장침투 가격전략과 결합상품 전략

일부 글로벌 동영상 OTT 사업자들은 가격전략으로 시장침투 가격전략market penetration price strategy와 결합상품 전략bundling strategy을 구사하고 있다. 시장침투 가격전략이란 새로운 제품이나 서비스의 구매 또는 사용을 유도하기 위해 낮은 가격으로 시장에 출시함으로써 소비자에게 제품이나 서비스의 속성을 인식시키는 전략이다. 시장침투 가격전략에서는 초기 이용자가 확보된 후 통상적으로 가격을 인상한다. 이러한 시장침투 가격전략은 제품이나 서비스를 구매한 후 해당 제품이나 서비스를 경험해야만 중요한 속성을 평가할 수 있는 재화의 종류인 경험재experience good를 대상으로 흔히 이용된다(Hoskins, McFadyen and Finn, 2004). 동영상 OTT 콘텐츠도 다른 미디어 콘텐츠와 같이 경험재의 좋은 예가 될 수 있다. 동영상 OTT 콘텐츠를 이용하기 전에는 그 속성을 평가하기 어렵기 때문이다.

2019년 11월에 출시된 동영상 OTT 서비스인 애플 TV 플러스와 디즈니 플러스의 가격 설정이 이러한 침투가격 설정의 사례이다. 애플 TV 플러스의 출시 가격은 월 4.99달러이고, 디즈니 플러스는 월 6.99달러이다. 디즈니 플러스의 경우 2019년 11월 서비스를 출시하기 이전의 선주문에 관해서는 더 낮은 요금인 36개월 약정에 169.99달러(월 4.72달러)로 가격을 설정한 예도 있다.

애플 TV 플러스와 디즈니 플러스의 가격은 경쟁자인 넷플릭스의 가격보다 훨씬 낮은 수준으로, 서비스 출시 초기에 가능한 한 많은 가입자를 확보하는 것을 목적으로 한다. 아마존은 글로벌 시장에 진출하기 위해 일부 나라에서 프라임비디오닷컴primevideo.com 서비스를 통해 가입 후 6개월 동안 월 2.99달러에 아마존 프라임 비디오 서비스를 제공한 사례도 있다(정보통신정책연구원, 2019b). 일반적으로 이러한 시장침투 가격전략은 특히 규모의 경제를 달성할 수 있을 때 효과적일 수 있으며, 시간이 지나면서 많은 이용자를 확보할 경우 비용우위cost leadership를 확보할 수 있다는 장점도 있다.

한편 애플은 애플의 다른 콘텐츠인 애플 뮤직, 애플 뉴스플러스와 애플 TV 플러스를 하나로 묶는 구독 패키지를 제공하는 전략을 2020년부터 구사할 것으로 알려져 있다(이정현, 2019). 아마존은 아마존 프라임을 통해 이미 유료회원에게 TV, 영화, 음악 등의 콘텐츠를 동시에 제공하고 있다. 디즈니는 2019년 11월 디즈니 플러스의 출시와 함께, 디즈니 플러스, 훌루 및 ESPN 플러스를 동시에 제공하는 결합상품을 내놓기 시작했다. 디즈니 플러스의 가격은 월 6.99달러이지만 디즈니 플러스, 훌루, ESPN 플러스를 결합한 상품은 월 6달러가 추가된 12.99달러에 제공하기 시작했다. 최근 넷플릭스의 가격인상으로 넷플릭스의 서비스를 12.99달러 이상으로 이용하는 이용자가 많기 때문에 디즈니의 이 같은 결합상품은 매우 매력적이라고 할 수 있다.

이처럼 동종 및 이종 미디어 콘텐츠를 묶거나 이종 미디어·ICT 서비스와 동영상 OTT 서비스를 묶는 결합상품 전략은 범위의 경제를 실현함으로써 이용자 편익과 사업자의 효율성을 동시에 증대시키는 효과가 있으며, 시너지 효과를 창출할 수 있다. 동영상 OTT 서비스와 다른 서비스를 결합하는 상품 전략은 향후 글로벌 동영상 OTT 사업자들이 미디어 산업에서 흔히 구사하는 전략이 될 것이다.

로컬 미디어 사업자들의 대응전략 유형

앞에서 살펴본 바와 같이 넷플릭스와 유튜브 같은 글로벌 동영상 OTT 사업자들은 많은 나라의 동영상 OTT 시장에서 빠르게 성장하고 있으며 그 규모와 점유율도 점차 증가하고 있다. 이와 같은 글로벌 동영상 OTT 사업자들의 성장에 대해 각국의 로컬 미디어 사업자들은 다음과 같은 대응전략을 취하고 있다.

첫째, 로컬 미디어 사업자는 글로벌 동영상 OTT 사업자와 경쟁하기 위해 각국의 국내 로컬 미디어 사업자와 전략적 제휴를 맺거나 경쟁 서비스를 출시하는 전략을 채택하고 있다. 이러한 유형의 좋은 예는 영국 동영상 OTT 시장에서 BBC(공영방송)와 ITV(지상파 사업자)가 전략적 제휴를 맺고 가입형 동영상 OTT 조인트 벤처기업인 브릿박스 동영상 OTT 서비스를 2019년 11월에 출시한 것이다. 한편 프랑스 동영상 OTT 시장에서는 2020년 프랑스에서 출시되는 디즈니 플러스와 애플 TV에 대응하기 위해 프랑스 내 기존의 방송 사업자인 프랑스 텔레비지옹, TF1, M6가 전략적 제휴를 통해 2020년 가입형 서비스인 살토를 출시할 예정이다.

이렇게 로컬 미디어 사업자끼리 전략적 제휴를 맺거나 경쟁 서비스를 출시하는 전략은 넷플릭스 등 OTT 서비스 간 경쟁으로 인해 동영상 OTT 시장이 활성화될 수 있다는 판단에 기반하며, 실시간 방송을 제공하는 기존의 방송 서비스에 넷플릭스와 유사한 가입형 동영상 OTT 서비스를 추가함으로써 이용자에게 더 많은 가치를 제공할 수 있다는 인식 때문이다(이상원, 2018b). 이러한 대응전략은 글로벌 동영상 OTT 사업자들의 영향력이 증대되기 전에 서비스를 출시하고 구축되어 있는 현지 콘텐츠 업체와의 전략적 관계를 강화함으로써 로컬 성격이 강한 방송 서비스 시장에서 현지에 적합한 콘텐츠를 제공한다면 경쟁적 우위를 확보할 수 있다는 인식을 바탕으로 한다(이상원, 2018b).

둘째, 넷플릭스와 같은 글로벌 OTT 사업자와 전략적 제휴를 맺는 것이다. 유럽의 버진 미디어, 보다폰, 톡톡, 유니티미디어, 도이치텔레콤 등 일부 유료방송 및 통신사업자들은 넷플릭스와 같은 글로벌 동영상 OTT 사업자의 영향력이 증대되자 이들과 전략적인 제휴를 맺고 글로벌 동영상 OTT 사업자를 이용하는 전략을 구사했다. 이러한 대응전략은 주로 글로벌 동영상 OTT 사업자에 비해 OTT 서비스 제공 경험과 재원이 부족한 일부 미디어 사업자 또는 주요 유료방송사업자나 통신사업자가 취하는 것으로, 자체 OTT 사업을 추진하기보다는 글로벌 동영상 사업자와 전략적 제휴를 맺음으로써 시너지 효과를 기대하는 전략이다(이상원, 2018b).

셋째, 기존의 로컬 미디어 사업자들이 결합상품의 경쟁력을 이용해 기존 가입자를 계속 유지·확보하는 고착전략lock-in strategy을 구사하는 것이다. 예를 들어 프랑스의 오렌지 등 통신사업자들은 글로벌 OTT 사업자들이 로컬 미디어 시장에 진입하는 데 대응하기 위해 결합상품의 경쟁력을 이용해 기존 가입자를 유지하는 전략을 구사했다. 유료방송사업자인 영국의 스카이도 기존의 다양한 채널과 풍부한 콘텐츠 자원을 활용한 결합상품을 통해 유료방송 가입자를 유지·확보하는 경쟁전략을 구사했다.

최근 국내의 방송, 통신 및 미디어 콘텐츠 기업도 주요 유럽 국가의 이러한 대응전략 사례를 일부 전략적으로 채용하고 있다. 흥미로운 점은 하나의 기업이 서로 다른 대응전략 유형 중 동시에 두 가지 또는 세 가지 유형을 조합해서 채택할 수도 있다는 점이다. 물론 이러한 전략을 채택하려면 기업이 처한 시장구조와 같은 외부환경, 기업의 내부적 상황과 자원 등 여러 가지 요소를 고려해야 한다.

국내 미디어 사업자들의 미래전략 방향 모색

이 장에서는 성공적인 글로벌 동영상 OTT 사업자들이 구사한 전략을 이론적 전략분석 도구를 이용해 고찰해 보았다. 이와 함께 글로벌 동영상 OTT 사업자의 주요 해외 진출 사례와 구체적인 전략을 논의했으며, 주요 해외 로컬 미디어 사업자들의 전략적 대응 유형도 구분했다.

그렇다면 급격하게 변화하고 있는 디지털 트랜스포메이션 환경에서 국내 미디어 사업자들은 글로벌 동영상 OTT 사업자에 대응해 어떤 전략적인 방향을 모색해야 할까? 여기서는 현시점에서 국내 미디어 사업자가 경쟁우위를 확보하기 위해 숙고해야 할 몇 가지 요소를 전략 방향과 함께 논의해 보기로 한다.

오리지널 콘텐츠 전략과 실시간 방송콘텐츠 등을 통한 차별화 전략

동영상 OTT 서비스는 콘텐츠가 최종 상품이다. 따라서 동영상 OTT 플랫폼이 제공하는 콘텐츠의 경쟁력을 확보하는 것이 가장 핵심적인 문제이다. 물론 국내 미디어 사업자가 글로벌 동영상 OTT 사업자에 필적할 만큼 콘텐츠에 투자해 다양하면서도 고품질의 콘텐츠를 다량 보유할 수 있다면 시장경쟁에서 최상이겠지만 이는 현실적인 여건상 쉽지 않다. 이미 시장에서 출시되었거나 곧 출시될 예정인 글로벌 동영상 OTT 사업자가 보유하고 있는 고품질 콘텐츠의 수와 새로 제작하는 오리지널 콘텐츠에 대한 재원 등을 고려하면 일부 글로벌 동영상 OTT 사업자가 국내 동영상 OTT 사업자보다 크게 우세한 상황이다. 그렇지만 국내 미디어 사업자는 다음과 같은 두 가지 측면에서 콘텐츠 차별화 전략을 모색해 볼 수 있다.

첫째, 국내와 주로 한류 확산지역에서 선호하는 최고 수준의 프리미엄 오리지널 콘텐츠를 제작함으로써 OTT 플랫폼을 통해 차별화된 콘텐츠를 제공하는 것이다. 물론 오리지널 콘텐츠는 다수의 글로벌 동영상 OTT 사업자들이 지금도 이용하거나 추구하는 전략 중 하나이지만 디즈니와 같은 대규모 콘텐츠 사업자가 독점 콘텐츠를 공급하는 전략을 구사하면 향후 그 중요성이 더욱 커질 것으로 전망된다(정보통신정책연구원, 2019b).

이러한 오리지널 콘텐츠 전략에 관해서 국내 미디어 사업자들은 추가적으로 두 가지 사항을 숙고해야 한다. 하나는 국내 동영상 OTT 플랫폼을 통해 오리지널 콘텐츠를 독점적으로 제공할 경우 시간이 지난 후 경쟁사업자인 글로벌 동영상 OTT 사업자에게도 이 콘텐츠를 제공할 것인지 여부이다. 여기서 고려해야 할 점은 오리지널 콘텐츠가 가입자 유치에 얼마나 기여했는지, 그리고 시간이 지난 후 글로벌 동영상 OTT 업체에 콘텐츠를 공급했을 때 얻을 수 있는 수익의 기대치는 얼마인지이다. 또 하나는 오리지널 콘텐츠를 계속 제작하면서 경쟁할 경우 막대한 규모의 콘텐츠 투자 재원이 필요한데 실제 콘텐츠의 성공률은 기대보다 낮을 위험이 상존한다는 것이다. 이러한 위험을 피하기 위해서는 되도록 다수의 국내 미디어 사업자들이 전략적 제휴를 맺어 콘텐츠를 공동제작함으로써 대규모 콘텐츠 투자로 인한 위험을 줄여야 한다. 가능하다면 현재 이루어진 국내 사업자들 간의 전략적 제휴보다 더 큰 규모로 전략적 제휴를 체결해야 할 것이다.

둘째, 콘텐츠를 차별화하기 위해서는 실제 동영상 OTT 플랫폼에서 콘텐츠를 선택해 이용하는 국내 콘텐츠 이용자의 콘텐츠 성향을 잘 파악해야 한다. 미국이나 영국의 경우 주로 넷플릭스 등 글로벌 동영상 OTT 사업자가 제공하는 드라마와 영화 콘텐츠에 대한 수요가 높은 편이지만 국내 동영상 OTT 이용자들은 여전히 해외 콘텐츠보다는 국내 방송사가 제작한 국내 콘텐츠를 더 선호하는 것으로 나타났다(정보통신정책연구원, 2019a). 정보통신정책연구원의 2019년 조사에 따르면 티빙, 푹, 옥수수와 같은 국내 동영상 OTT 서비스에서 국내 콘텐츠를 이용하는 비중은 티빙 87.5%, 푹 79.3%, 옥수수 98.2%, 유튜브 96.8%, 네이버 TV 97.1% 등으로, 국내 동영상 OTT 이용자는 국내 드라마, 오락/예능 및 영화 콘텐츠 등을 선호하는 것으로 나타났다(정보통신정책연구원, 2019a).

이러한 국내 동영상 OTT 서비스 이용자의 콘텐츠 선호 경향과 〈그림 3-11〉에 나타난 주요 동영상 OTT 서비스의 포지셔닝을 연결해서 분석해 보면 국내 콘텐츠를 통한 차별화 가능성을 명확하게 확인할 수 있다.

〈그림 3-11〉은 국내에 이미 진출했거나 2020년 이후 국내 동영상 OTT 시장에 진출할 것으로 예상되는 글로벌 동영상 OTT 서비스를 포함한 국내 주요 동영상 OTT 서비스의 포지셔닝을 프리미엄premium 서비스/비프리미엄non-premium 서비스 축과 실시간 콘텐츠/VOD 축으로 나눈 것이다. 〈그림 3-11〉에서 확인할 수 있듯이, 국

그림 3-11 **국내 진출 글로벌 동영상 OTT를 포함한 주요 동영상 OTT 서비스의 포지셔닝**

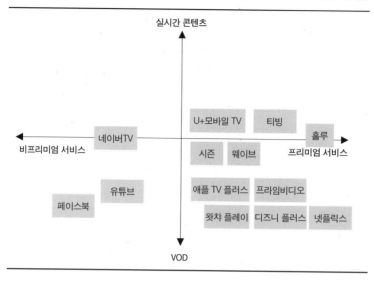

내 주요 동영상 OTT 서비스인 티빙, 웨이브, 시즌, U+모바일 TV
등은 실시간 채널과 VOD를 함께 제공하는 혼합형 동영상 OTT 서
비스를 제공하고 있으나, 넷플릭스, 디즈니 플러스와 같은 글로벌
동영상 OTT 사업자들은 현재는 실시간 채널 서비스를 제공하지
않는 가입형 동영상 OTT 서비스를 제공하고 있다는 점에서 차이
가 있다. 디즈니가 2019년 인수한 훌루의 경우 실시간 채널도 제공
한다는 점에서 넷플릭스나 디즈니 플러스의 SVOD 서비스와는 차
이가 있다.

물론 이러한 혼합형과 가입형 동영상 OTT 서비스는 대체 가능
한 경쟁 시장에 속해 있긴 하지만 국내의 혼합형 동영상 OTT 서비

스는 국내 방송사가 실시간 채널과 기타 국내 콘텐츠를 제공할 수 있는 콘텐츠 자원을 확보하고 있다는 점에서 부분적으로 가입형 글로벌 동영상 OTT 서비스와 차별화된다. 즉, 자원기반 전략관점에서 보았을 때 국내 실시간 콘텐츠와 기타 국내형 콘텐츠는 부분적으로나마 단시간에 글로벌 경쟁사업자가 대체하기 어려운 자원이다.

국내 미디어 사업자는 국내 동영상 OTT 이용자가 선호하는 콘텐츠가 미국이나 영국 같은 서구 국가와는 다르다는 것을 전략적으로 염두에 두어야 한다. 이런 특성은 부분적이지만 차별화된 이용자 기반으로 발전될 여지가 있기 때문이다. 국내 콘텐츠를 선호하는 이러한 현상은 일부 다른 아시아 국가에서도 나타나는데, 이는 주로 유럽이나 영미계 국가들에 비해서 아시아권이 콘텐츠에 관한 언어적·문화적 장벽이라고 볼 수 있는 문화적 할인이 상대적으로 더 크고, 로컬 미디어 사업자가 콘텐츠 경쟁력이 있으며, 상대적으로 유료방송 가격도 낮은 수준이기 때문이다.

이런 상황을 고려해 이미 국내 동영상 OTT 시장에 진출한 넷플릭스는 CJ E&M과 JTBC 등의 국내 주요 방송채널사용 사업자와 전략적 제휴를 맺고 국내 동영상 OTT 시장과 한류 확산지역에서 경쟁을 가속화하고 있다.

이 같은 전략적 행보를 통해 앞으로 글로벌 동영상 OTT 사업자들이 국내 기반 동영상 OTT 플랫폼에 비해 상대적으로 국내 콘텐츠가 풍부하지 못한 약점을 어느 정도 만회한다면 경쟁력을 확보할 수 있을 것으로 보인다. 하지만 국내 미디어 사업자가 국내 동영상

OTT 서비스에서 제공되는 콘텐츠와 글로벌 동영상 OTT 서비스에서 제공되는 콘텐츠가 지닌 차별점을 전략적으로 활용해 이용자 기반을 유지하고 각 플랫폼 간 콘텐츠 선호도의 차이를 유지할 수 있다면, 실시간 및 국내 콘텐츠에 강점이 있는 국내 미디어 사업자와 해외 드라마와 영화 등에 강점이 있는 글로벌 동영상 OTT 사업자가 시장에서 공존할 가능성이 높아질 것이다.

이러한 시장 상황을 고려하면 국내 미디어 사업자들이 제공하는 동영상 OTT 플랫폼은 한국인이 선호하는 국내 콘텐츠에 대한 투자를 확대해 독점적이고도 차별화된 프리미엄 킬러 콘텐츠를 제공하는 전략을 구사해야 할 것이다. 만일 지상파방송사, CJ E&M 및 종편사의 콘텐츠를 동영상 OTT 플랫폼에서 동시에 제공할 수 있다면 큰 도움이 될 것이다. 이와 함께 콘텐츠 제작은 동영상 OTT 이용자의 이용행태에 대한 빅데이터를 면밀하게 분석한 후 이를 기반으로 추진해야 할 것이다. 또한 콘텐츠 차별화를 위해 소수 마니아에 대한 콘텐츠 제공도 전략적으로 활용해야 하며, 콘텐츠 유형에서도 짧은 시간에 부담 없이 즐길 수 있게끔 OTT에 최적화된 '스낵컬처형 콘텐츠'를 제공함으로써 차별화를 도모해야 한다(한국콘텐츠진흥원, 2017a).

하이브리드 비즈니스 모델 전략: 광고형과 가입형의 융합

콘텐츠 차별화 전략과 함께 국내 미디어 사업자가 동영상 OTT 서비스를 위해 염두에 두어야 하는 것은 하이브리드 비즈니스 모델 전략이다. 동영상 OTT 서비스의 최근 비즈니스 모델은 가입형SVOD,

광고형AVOD, 혼합형Hybrid으로 구분할 수 있는데, 그중에서 혼합형과 관련해서는 눈여겨볼 만한 새로운 사례가 등장하고 있다. 예를 들어 훌루는 이용자 그룹을 광고에 거부감이 높은 이용자와 거부감이 높지 않은 이용자 그룹으로 나누고 광고에 거부감이 높은 이용자에게는 광고가 없는 가입형 동영상 OTT 상품을 11.99달러에 판매하고 광고에 거부감이 높지 않은 이용자에게는 광고를 포함한 상품으로 7.99달러에 판매하고 있다. 즉, 동일 상품의 가격을 광고 포함 여부에 따라서 차별적으로 설정해, 가입자를 통한 매출과 광고매출의 합인 전체 매출을 극대화하는 전략을 구사하고 있다(정보통신정책연구원, 2019b).

이러한 훌루의 전략은 광고에 대한 민감도에 따라 구분한 그룹 간 가격차별화price discrimination 전략이다. 훌루가 동영상 OTT 콘텐츠의 가격을 고객 그룹에 따라 다르게 책정할 수 있는 것은 두 그룹 간의 지불의사willingness-to-pay에 차이가 있기 때문이다. 훌루의 이러한 가격전략은 넷플릭스와 같이 광고 없는 가입형 VOD 서비스를 제공하면서도 광고에 민감하지 않은 그룹에 대해서는 광고매출도 확보할 수 있는 전략으로 주목할 필요가 있다. 특히 전술한 바와 같이 동영상 OTT 사업자의 콘텐츠 투자비가 점차 증가하는 추세임을 고려하면 광고형 비즈니스 모델을 가입형과 함께 도입하면 광고비 매출을 증가시켜 콘텐츠 투자액 증가를 보전할 수 있다.

동영상 OTT 서비스와 관련해 국내 미디어 사업자들이 염두에 두어야 할 또 하나의 중요한 하이브리드 비즈니스 모델 사례는 아마존의 아마존 비디오 다이렉트 서비스이다. 아마존은 2016년부터 콘텐츠 제작자들이 직접 아마존 프라임 비디오 서비스에 자신들이 제작한 콘텐츠를 게재하고 수익을 창출할 수 있는 아마존 비디오 다이렉트 서비스를 개시했다. 아마존 비디오 다이렉트 서비스를 통해 아마존은 채널사용사업자Program Provider(이하 PP)와 콘텐츠 제공업자 Contents Provider(이하 CP) 간 계약을 통해 콘텐츠를 수급했던 기존 전략에서 벗어나, 누구나 자유롭게 아마존 프라임 비디오 플랫폼에서 영상콘텐츠를 유통할 수 있도록 지원하고 있다(한국콘텐츠진흥원, 2017b).

이러한 아마존의 비디오 다이렉트 서비스 사례는 MCN과 방송영상독립제작사가 동영상 OTT 플랫폼에서 광고를 통해 이윤을 내는 모델과 기존의 가입형 동영상 OTT 서비스가 융합해서 하이브리드 비즈니스 모델로 발전할 가능성을 열어둔 것이다. 즉, 아마존은 기존의 주요 메이저 PP, CP, 방송영상독립제작사 및 1인 미디어들이 제작하는 콘텐츠도 동시에 확대하려는 전략을 추구하고 있는 것이다(한국콘텐츠진흥원, 2017b).

하이브리드 비즈니스 모델을 추구하는 아마존의 전략은 향후 디즈니, 애플 등 대규모 신규 동영상 OTT 사업자들의 동영상 OTT 시장 진입으로 인해 콘텐츠 수급이 어려워지고 제작 단가가 높아짐에 따라 콘텐츠 제작 및 공급 비용이 계속적으로 증가될 경우 광고를 통한 수입을 창출할 수 있다는 점에서 매우 흥미로운 시도이다.

아마존의 비디오 다이렉트 사례는 인기 콘텐츠가 동영상 OTT 플랫폼에서 제공될 경우, 미디어 콘텐츠의 수요자와 공급자 모두 오랜 시간 체류할 수 있게 하는 전략으로 평가되며, 광고주 입장에서는 동영상 OTT 플랫폼에서 광고를 구매할 유인을 제공할 수 있을 것으로 보인다. 아마존 비디오 다이렉트의 전략사례는 국내 미디어 사업자가 국내 미디어 환경과 실정에 맞게 창의적으로 변형해 채용할 수 있는 전략 중 하나이다.

이와 함께 광고형 동영상 OTT 사업자의 경우 기존의 광고를 통한 수익을 유지하는 한편 유료 비즈니스 모델을 도입하기 위한 다양한 실험을 해야 한다. 광고형 동영상 OTT 서비스는 가입형보다 이용자 기반이 광범위한 장점을 살려 다양한 유료 비즈니스 모델을 도입함으로써 수익 다각화와 서비스 다양화를 추구할 필요가 있다.

인수·합병, 전략적 제휴와 콘텐츠 규모의 경제 추구

2019년 출시된 디즈니 플러스와 2020년에 출시되는 HBO맥스, 피콕Peacock 등 새로운 대규모 동영상 OTT 사업자가 시장에 진입하는 것은 그동안 미디어 시장에서 대규모의 인수·합병이 지속된 결과라고 볼 수 있다. 디즈니 플러스가 출시되기 전 디즈니는 21세기 폭스와 훌루를 차례로 인수했고, AT&T는 HBO맥스가 출시되기 전에 타임워너를 인수했으며, 컴캐스트는 피콕이 출시되기 전 2018년에 유럽 최대 유료방송사업자인 스카이를 인수하면서 글로벌 시장 진출을 가시화하고 있다. 이러한 대규모 글로벌 미디어 사업자 간의 인수·합병 사례는 전통적인 미디어 사업자들이 넷플릭스의 미디어 시장 확장에 대응하는 과정에서 콘텐츠 규모의 경제를 추구하는 것을 기본적인 경쟁전략으로 인식하고 있음을 보여준다.

글로벌 동영상 OTT 사업의 대표주자인 넷플릭스나 대규모 인

수·합병 후 국내 시장에 진출하는 사업자들에게 대응하기 위해서는 국내 미디어 사업자들도 주요 유럽 국가의 미디어 사업자들처럼 미디어 사업자 간 인수·합병 및 전략적 제휴나 글로벌 사업자와의 전략적 제휴를 모색할 수밖에 없다. 이미 2019년에는 푹과 옥수수의 통합서비스가 출시되었으며, LGU+와 넷플릭스, CJ E&M, JTBC와 넷플릭스의 제휴도 성사되었다. 그러나 국내 동영상 OTT 시장은 2020년 디즈니 플러스, 애플 TV 플러스, HBO맥스, 피콕 등 대규모 동영상 OTT 사업자의 시장 진입을 앞두고 있다.

이런 예견된 변화를 고려하면 콘텐츠 규모의 경제를 확보하기 위해서는 국내 미디어 사업자 간의 더 큰 규모의 전략적 제휴 또는 국내 미디어 사업자와 글로벌 동영상 OTT 사업자 간의 추가적인 제휴가 필요할 것으로 보인다. 특히 디즈니처럼 대형 콘텐츠 사업자가 자체 동영상 OTT 플랫폼을 출시한 후 자사 플랫폼에서만 독점적인 콘텐츠를 제공할 경우 기존 동영상 OTT 사업자들의 콘텐츠 투자 비용 증가 압력은 이전보다 커지고 콘텐츠 제작 수요의 증가로 인해 콘텐츠 제작 비용도 증대되며 고품질 콘텐츠를 확보하기 위한 경쟁은 더 치열해질 가능성이 크다(정보통신정책연구원, 2019b). 이런 추세가 지속되면 인수·합병 및 전략적 제휴를 위해 규모의 경제를 확보하는 일이 이전보다 더 절실해질 것이다.

자원기반 관점에서 볼 때 인수·합병이나 전략적 제휴를 하는 이유 중 하나는 제휴하지 않았을 때는 접근할 수 없었던 자원에 접근하거나 전략적 가치 등을 획득하기 위해서이다. 따라서 국내 미디어 기업들은 인수·합병 및 전략적 제휴를 통해 중장기적으로 얻을 수 있는 시너지 효과가 무엇인지, 그리고 이용자에게 줄 수 있는 가치가 무엇인지를 고려해 볼 필요가 있다. 또한 국내 미디어 사업자들은 인수·합병과 전략적 제휴로 인해 구조적인 변화를 겪은 후에도 글로벌 사업자에 대응해 국내 미디어 사업자의 강점인 국내 실시간 콘텐츠를 제공해야 하며, 우수 콘텐츠를 제작하는 국내 인적자원 등을 토대로 오리지널 콘텐츠를 제작 및 제공해야 한다. 이를 통해 차별화된 콘텐츠 상품을 제공하는 것은 향후 경쟁우위를 확보하기 위해 중요하다.

높은 수준의 사용자 경험을 우위에 두는 고객 중심의 플랫폼 전략

앞서 언급한 콘텐츠의 차별화와 콘텐츠 규모의 경제를 추구하는 전략이 공급적 측면에서의 전략이라면, 플랫폼 전략은 이러한 콘텐츠 공급을 실제로 플랫폼을 통해 이용자의 수요와 연결하는 것과 관련된 전략이라 할 수 있다. 동영상 OTT 시장에서 공급적 측면의 전략은 성공의 필요조건이지만 경쟁우위를 확보하기 위해서는 공급적 측면의 전략만으로는 부족하다. 이런 점에서 고객 중심의 플랫폼 전략은 중요하다.

디지털 기술을 이용해 플랫폼에서 수요와 공급을 연결함으로써 고객들에게 새로운 경험을 체험하게 하고 고객 경험을 향상시키는 것은 디지털 트랜스포메이션 환경에서 매우 중요한 전략적 요소로 인식되고 있다. 일반적으로 이러한 고객 경험 향상Customer Experience Enhancement: CEE은 고객의 경험이 고객에게 유용한 가치를 제공하고 쉽게 이용 가능하며 즐길 수 있는 것이라면 확보될 가능성이 높다.

동영상 OTT 산업의 경우 이러한 고객 경험을 향상시키기 위해서는 넷플릭스와 왓챠 플레이가 제공해 온 서비스인 빅데이터 분석을 통한 개인화 추천시스템이 특히 중요하다. 개인화 추천시스템은 국내 미디어 사업자들에게도 동영상 OTT 플랫폼의 경쟁력을 좌우할 중요한 요소이다. 빅데이터 분석을 통한 개인화 추천시스템의 전략적 활용은 높은 수준의 사용자 경험을 제공할 뿐만 아니라 개인의 취향에 부합하는 틈새 상품의 콘텐츠를 제공함으로써 잠재고객들에게 콘텐츠 유통과정에서의 롱테일 마케팅long tail marketing을 가능하게 한다는 점에서도 중요하다(문성길, 2017).

따라서 국내 미디어 사업자들은 플랫폼 혁신을 통해 동영상 OTT 플랫폼에서 이용자에게 새롭고 가치 있는 경험, 이용자의 편의성을 제고하면서도 흥미로운 경험을 제공해야 하며, 이용자와 콘텐츠를 효율적으로 연결하는 데 주안점을 두어야 한다. 아울러 일부 국내 미디어 사업자는 그동안 국내 미디어 이용자의 콘텐츠 취향을 분석한 데이터를 충분히 확보하고 있다는 점에서 글로벌 동영상 OTT 사업자에 비해 상대적으로 강점을 가지고 있다. 따라서 국내 미디어 사업자들은 이러한 이용자 데이터와 지금보다 더 정교하고 세련된 개인화 추천시스템을 이용해 상호작용적이면서도 고객지향적인 혁신 서비스를 플랫폼에서 제공함으로써 고객 경험을 향상시킬 필요가 있다.

그러나 고객 경험 향상이 우수한 개인화 추천시스템과 같은 기술적인 것만을 의미하지는 않는다. 근본적으로 사소한 것에서부터 고객의 경험을 최우선에 두는 관점의 전환이 필요하다. 좋은 예로 넷플릭스는 이용자들이 서비스를 해지할 때 인터넷에서 단 세 번의 클릭만 하면 되도록 하는 등 서비스 종료 시에도 이용자 경험을 중시한다(문성길, 2017). 이러한 넷플릭스의 사례는 서비스를 해지하는 상황에서도 사용자 경험과 고객 편의를 최우선에 두는 것이라고 볼 수 있다.

혁신적인 동영상 OTT 서비스를 위해서는 플랫폼 내에서 제공되는 서비스의 각 속성을 현재보다 더 공급자 중심에서 수요자 중심으로 전환하려는 노력이 필요하다. 이러한 노력이 뒷받침되었을 때라야 가치혁신을 통해 더 큰 시장이 열릴 수 있을 것이다.

한류 콘텐츠로 글로벌 동영상 OTT 시장에 진출하는 전략

국내 미디어 사업자들이 고려해야 할 미래전략 방향 중 하나는 한류 확산지역을 타깃으로 한류 콘텐츠를 이용해 글로벌 동영상 OTT 시장에 진출하는 것이다. 국내 동영상 OTT 사업자의 해외 시장 진출 사례로는 2019년 9월에 출시된 웨이브가 웨이브고를 통해 동남아 7개국 시장에 진출한 것을 들 수 있다. 하지만 서비스 초기임을 고려해 현재는 주로 국내 가입자의 해외시청 지원과 현지 교민을 대상으로 한 서비스에 집중하고 있다(최진홍, 2019).

국내에서 콘텐츠 경쟁력을 지닌 미디어 사업자는 한류 콘텐츠를 이용해 동남아시아와 같은 한류 확산지역을 중심으로 글로벌 동영상 OTT 사업자에 대응해 더 공격적으로 직접 경쟁할 방안을 모색할 필요가 있다. 현재 동남아 등 한류 콘텐츠 확산지역에서는 동영상 OTT 플랫폼도 빠르게 성장하고 있기 때문에 동남아는 국내 시장보다 접근 가능성이 더 큰 시장이라고 볼 수 있다. 장기적으로 볼 때 추가적인 OTT 플랫폼의 경쟁 합류, 기존 전통 케이블의 OTT화를 고려하면 플랫폼 간 경쟁이 지속되는 동안에는 동남아 OTT 시장 규모가 더 커질 수 있다(미래에셋대우 리서치센터, 2017). 글로벌 시장으로의 진출은 시장 규모를 성장시킬 수 있을 뿐만 아니라, 넷플릭스의 사례에서와 같이 콘텐츠 규모의 경제를 통해 효율성을 높일 수도 있다. 글로벌 시장에 진출함에 따라 콘텐츠의 장기 평균비용은 하락할 것으로 판단된다.

동남아시아와 같은 한류 확산지역의 시장 규모를 성장시키고 콘텐츠 규모의 경제를 통해 국내 동영상 OTT를 글로벌 시장으로 진출시키려면 구체적으로 어떤 전략이 필요할까? 다음 세 가지 측면에서 융합 전략이 필요할 것으로 보인다.

첫째, 시장 구조적 측면에서의 융합 전략이다. 한류 확산지역에서 현지 방송·통신 사업자와 전략적 제휴를 맺는 것이 좋은 예가 될 것이다. 물론 글로벌 시장에 진출하기 이전에 국내 시장에서 먼저 동영상 OTT 플랫폼을 혁신하고 효율적으로 운영하는 경험을 충분히 쌓아야 한다. 하지만 어느 정도 경험이 축적되면 현지 사업자와 과감한 전략적 제휴를 맺어야 한다. 그래야 현지화를 추진하면서 콘텐츠 투자의 위험률도 낮출 수 있다. 예를 들면 현지 콘텐츠 사업자와의 공동제작을 통해 오리지널 콘텐츠를 제공하면서 동시에 국내에서 제작된 한류 콘텐츠도 확산하는 전략을 구사해야 한다. 또한 전략적 제휴를 통해 현지 방송사업자의 실시간 방송 콘텐츠를 제공하면서 오리지널 콘텐츠와 한류 콘텐츠 및 기타 콘텐츠를 제공하는 전략도 가능할 것이다.

둘째, 비즈니스 모델의 융합 전략이다. 현재 국내에서 이용하고 있는 비즈니스 모델보다 더 창의적인 방식으로 비즈니스 모델을 융합하는 전략이다. 예를 들면 가입형 동영상 OTT 서비스를 운영하면서 동남아시아 국가들의 유료방송 ARPU가 낮은 수준인 점을 감안해 광고형 동영상 OTT 서비스를 제공함으로써 전체적인 이용자 비용은 낮은 수준으로 맞추면서 광고매출은 증가시키는 방안을 고려할 수 있다. 또한 아마존 비디오 다이렉트 서비스와 유사하게 개인 또는 독립 콘텐츠 제작자들이 동영상 OTT 플랫폼에서 자신들이 제작한 콘텐츠를 직접 업로드하고 수익을 창출할 수 있도록 하는 가입형 동영상 OTT 서비스와 광고형 동영상 OTT 서비스를 융합하는 전략을 모색해 볼 수도 있다.

셋째, 콘텐츠의 융합 전략이다. 콘텐츠가 글로벌 시장에 진출하기 위해서는 문화적 할인을 고려해야 하기 때문에 콘텐츠의 현지화 전략이 절실히 요청된다. 따라서 오리지널 콘텐츠를 현지 업체와 공동제작할 경우 현지 이용자에 대한 빅데이터를 면밀하게 분석해야 하고, 콘텐츠 기획, 제작, 유통, 마케팅 및 투자 단계에서 이 분석 결과를 이용해야 한다. 이런 단계를 거치면서 현지 콘텐츠와 한류 콘텐츠 간 융합을 모색할 수 있을 것이다. 이와 함께 동영상 OTT 콘텐츠를 판매할 때에는 드라마 등 동영상 OTT 콘텐츠와 음악 및 게임과 같은 기타 한류 콘텐츠를 결합해 판매하는 이종 한류 콘텐츠 결합상품전략도 구사할 수 있을 것이다.

국내 동영상 OTT 서비스의 시장 전망

대형 글로벌 미디어 사업자 간 인수·합병이 이루어진 이후 규모의 경제를 확보할 수 있는 글로벌 동영상 OTT 사업자가 국내 동영상 OTT 시장 진출을 예고하고 있는 등, 국내 동영상 OTT 시장은 그야말로 소용돌이의 장으로 변화하고 있다. 이처럼 변화가 빠른 동영상 OTT 시장에 대해 전망한다는 것은 결코 쉽지 않은 일이다. 그렇지만 예측 가능한 범위에서 동영상 OTT 산업의 변화와 진화될 모습을 가늠해 보는 것은 미디어 산업 종사자뿐만 아니라 정책결정자들에게도 필요한 일이다.

그렇다면 국내 동영상 OTT 시장은 앞으로 어떻게 변화하고 진화해 갈 것인가?

시장 구조적 측면에서는 먼저 국내 동영상 OTT 시장에 진입하려는 글로벌 동영상 OTT 사업자를 예상해 볼 필요가 있다. 2019년 말 현재 이미 국내 시장에서 서비스를 제공하면서 경쟁하고 있는 글로벌 동영상 OTT 사업자로는 광고형 동영상 OTT인 유튜브, 페이스북과, 가입형 동영상 OTT인 넷플릭스가 있다. 한편 향후 2~3년 이내에 국내 동영상 OTT 시장에 추가로 진입할 것으로 예상되는 글로벌 동영상 OTT 사업자로는 디즈니 플러스, 애플 TV 플러스, 아마존 프라임 비디오, HBO맥스 등으로, 전체 글로벌 동영상 OTT 사업자는 8~10개가 될 것으로 예상된다.

그러나 글로벌 사업자들이 국내 시장에 진출한 후 4~5년 동안은 국내에서 모든 글로벌 사업자가 성공하기는 어려울 것으로 판단된다. 글로벌 동영상 OTT 사업자들은 모두 어느 정도 범위에서 콘텐츠 규모의 경제를 확보할 수 있겠지만 오리지널 콘텐츠와 독점적인 콘텐츠 공급을 전략적으로 추구한다면 이로 인한 각 동영상 OTT 서비스의 차별화 수준은 상당히 고도화될 것이며 시장경쟁은 이전보다 심화될 것이 분명해 보인다.

차별화가 고도화되고 시장경쟁이 심화되면, 동영상 OTT 서비스 이용자에게 더 다양한 콘텐츠를 선택하고 즐길 수 있는 미디어 환경을 조성해 줄 수 있다는 측면에서는 긍정적이지만 차별화를 위한 독점적 콘텐츠 공급이 증가하면 하나의 동영상 OTT 플랫폼에서 이용자가 원하는 모든 콘텐츠를 이용하기가 어려워질 가능성이 높다. 즉, 가입형의 경우 이전보다 2개 이상의 복수의 동영상 OTT 플랫폼에 가입하고 요금을 지불하는 이용자의 수가 증가할 가능성이 커진다. 그러나 대부분의 이용자에게 향후 5년 이내에 3개 이상의 가입형 동영상 OTT 서비스를 동시에 이용하는 것은 부담이 될 가능성이 크다. 이와 같은 시장환경에서 동영상 OTT 시장은 한정된 범위에서 성장할 수 있을 것이며 동영상 OTT 서비스에 대한 이용자들의 지출 또한 커질 것이다.

그러나 국내 유료방송시장의 규모는 미국과 비교했을 때 비교적 협소하고, 유료방송 ARPU 수준은 상대적으로 더 낮으며, 경쟁으로 인한 콘텐츠 투자비용 부담은 증가될 가능성이 높기 때문에 미국 동영상 OTT 시장에 비해 더 적은 수의 글로벌 동영상 사업자가 국내 동영상 OTT 시장에서 안착하고 성공할 수 있을 것으로 보인다.

광고형 동영상 OTT는 유튜브와 페이스북이, 가입형 동영상 OTT는 넷플릭스와 디즈니 플러스가 강세를 보일 것이며, 추가적으로 3~4개의 동영상 OTT 사업자가 시장에서 어느 정도 위치를 차지할 가능성이 크다.

글로벌 동영상 OTT 사업자 중 넷플릭스는 선발 동영상 OTT 사업자로서 국내 시장에서 계속 성장할 가능성이 있다. 오리지널 콘텐츠에 대한 투자액이 크고, 국내 방송통신사업자와 전략적 제휴를 유지하고 있으며, 계속적인 혁신을 통해 플랫폼도 효율적으로 운영하는 등 경쟁력이 있기 때문이다. 한편 디즈니는 독점적인 인기 콘텐츠를 다수 보유하고 있고, 훌루 등을 포함한 결합상품도 제공 가능하며, 국내 유료방송사업자와의 전략적 제휴도 예상되므로 장기적으로 볼 때 넷플릭스를 앞설 수 있는 경쟁력을 충분히 지니고 있다고 판단된다.

구조적인 측면에서 국내 미디어 사업자와 글로벌 동영상 OTT 사업자 간 전략적 제휴는 추가적으로 이루어질 것으로 보인다. 시장 경쟁을 위해 글로벌 사업자들에게는 국내 제작 콘텐츠가 필요하기 때문이다. 특히 2020년 디즈니 플러스가 국내에서 출시될 경우 디즈니와 일부 국내 미디어 사업자들의 전략적 제휴는 동영상 OTT 시장의 경쟁구도에 상당한 영향을 미칠 것으로 전망된다.

국내 미디어 사업자가 출시한 동영상 OTT 플랫폼은 국내제작 콘텐츠를 통해 글로벌 사업자의 콘텐츠와 차별화할 것이며, 국내 사업자 간 전략적 제휴 또는 글로벌 사업자와의 전략적 제휴를 통해 글로벌 사업자와 한편으로는 경쟁하고 다른 한편으로는 협력하는 관게가 될 가능성이 크다. 한편 우수한 콘텐츠 제작능력을 보유한 국내 미디어 사업자와 유료방송 이용자 기반 및 재정적 자원을 보유한 통신사업자는 글로벌 사업자와 경쟁과 협력관계를 유지하면서 시장 경쟁력을 유지할 가능성이 크다. 따라서 국내 시장에서는 국내 및 글로벌 사업자를 포함해 가입형의 경우 2~4개의 동영상 OTT 서비스가 시장에서 강세를 보일 것이며, 그 외의 3~4개의 서비스는 어느 정도 범위에서 주요 위치를 차지하는 다극화 체제가 될 것이다.

이와 함께 고품질의 OTT 콘텐츠를 공급하기 위한 콘텐츠 확보 경쟁은 향후 심화될 것이며 이에 따라 콘텐츠 제작 수요가 증가할 것이다. 이에 따라 콘텐츠 생산요소 시장에서 제작비용이 크게 상승할 가능성이 크다. 아울러 플랫폼 경쟁심화로 인한 콘텐츠 투자비용의 계속적인 증가는 가입형 동영상 OTT 사업자들에게 큰 부담이 될 것이며, 이에 따라 가입형과 광고형을 다양한 방식으로 융합하는 사업자 수가 늘어날 가능성이 크다. 콘텐츠 투자비용을 감당하기 위해서는 광고를 통한 추가적인 매출이 필요하기 때문이다. 즉, 오리지널 콘텐츠 전략으로 인해 콘텐츠 비용이 증가함에 따라 광고에 기반한 비즈니스 모델은 점차 중요해질 것으로 판단된다.

5년 이상의 장기적인 관점에서 보면, 2~3개 이상의 복수의 가입형 동영상 OTT 서비스를 이용하는 사람들이 늘어날 경우 이에 만족하지 못하는 이용자가 많아질 것이다. 이에 따라 하나의 플랫폼에서 원하는 콘텐츠를 더 많이 제공하기 위해 다시 인수·합병을 시도할 유인이 커질 수도 있다. 물론 이 경우에는 이미 몇 년 동안의 다극적인 경쟁을 거친 이후의 시기일 것이다.

장기적으로 볼 때 현재 구도에서 새로운 미디어 시장의 패러다임이 시작되는 시기는 글로벌 미디어 기업의 2차 인수·합병 시점과 이용자에게 새로운 형태의 가치혁신을 제공하는 혁신적인 미디어 기업이 등장해 경쟁우위를 확고히 하는 시점이 맞물릴 가능성이 높아 보인다.

제4장

동영상 OTT 서비스
산업정책 방향의 모색

동영상 OTT 서비스 규제에 관한 논쟁: 왜 사회적 합의가 어려운가

1장부터 3장까지 살펴본 바와 같이 동영상 OTT 서비스는 시장에서 빠르게 성장하면서 이용자 수가 점차 증가하고 있으며, 넷플릭스가 국내 시장에 진입한 이후 다른 여러 글로벌 동영상 OTT 사업자도 국내 시장 진입을 서두르고 있다. 한편으로는 가입형, 광고형, 거래형, 혼합형 등 다양한 유형의 동영상 OTT 서비스가 제공되고 있으며, 사업자 간 전략적 제휴가 현재보다 더 복잡한 형태로 전개될 가능성도 높아지고 있다. 이와 같이 동영상 OTT 서비스가 성장하면서 이전에 볼 수 없었던 다양한 사회문제도 발생하고 있다. 예를 들어 인터넷 방송을 통해 폭력을 조장하거나 극도의 혐오 표현을 해서 문제가 되는 경우도 있고, 불법적인 광고를 제공하는 사례도 있다. 또한 동영상 OTT 서비스와 기존의 방송 서비스 간의 규제의 불균형으로 이용자 보호 측면에서 효과적으로 대처하기가 어려운 문제도 발생했다(황준호, 2019).

〈표 4-1〉에 제시된 것과 같이 기존의 유료방송과 동영상 OTT 서비스는 진입 규제, 소유겸영 규제, 점유율 규제 및 내용규제 등에서 차이를 보여 그동안 차별적인 규제 이슈가 제기되어 왔다. 예를 들

표 4-1 **유료방송 서비스와 동영상 OTT 서비스의 적용규제 비교**

적용규제	유료방송	OTT
진입	• 허가(지상파, 케이블, 위성, IPTV) • 승인(종편, 보도, 홈쇼핑), 등록(일반PP)	신고(전기통신사업법)
소유겸영	• 1인지분(지상파, 종편, 보도) • 외국자본(지상파, 종편, 보도, 유료방송) • 대기업(지상파, 종편, 보도) • 신문, 뉴스통신사(지상파, 종편, 보도, 유료방송) • 겸영규제(지상파, 유료방송, PP)	해당사항 없음
점유율	• 유료방송 전체 시장 점유율 33.3% 규제 • 매체합산 영향력 지수 시청점유율 30%	해당사항 없음 (단, 매체합산 영향력 지수 산정 시 N스크린 시청행태조사 반영)
내용	방송심의규정 적용	정보통신심의규정 적용
광고	• 방송법 외 규제(표시광고법, 개별법령 품목규제) • 방송법 규제(광고시간, 품목제한, 중간광고, 가상광고, 간접광고, 협찬고지 등) • 방송광고판매대행 제도(지상파, 종편)	방송법 외 규제 (표시광고법, 개별법령 품목규제)
경쟁	• 방송시장 경쟁상황 평가 적용 • 금지행위 규제	해당사항 없음

자료: 황준호(2019)를 재구성.

어 유료방송의 경우 시장에 진입하기 위해서는 지상파, 케이블, 위성 및 IPTV는 허가가, 종편, 보도, 홈쇼핑은 승인이, 일반 PP는 등록이 필요하지만, 동영상 OTT 사업자는 신고만 하면 된다. 점유율 규제의 경우, 기존 유료방송에 대해서는 유료방송 전체 시장 점유율 33.3% 규제와 매체합산 영향력 지수 시청점유율 30% 규제가 적용되지만, 동영상 OTT 서비스에 대해서는 같은 규제가 적용되지 않는다. 또한 내용규제의 경우, 유료방송 서비스에 대해서는 방송심의규정이 적용되지만, 동영상 OTT 서비스에 대해서는 정보통신심의규정이 적용된다. 아울러 유료방송에는 방송시장 경쟁상황 평가와 금지행위 규제가 적용되지만, 현재 동영상 OTT 사업자에게는 동일한 규제가 적용되지 않는다.

이와 같이 동영상 OTT 서비스와 관련해 현재 다양한 사회문제가 제기되고 있으며, 산업적 측면에서도 기존 유료방송과의 차별적인 규제문제가 대두되는 등 그동안 동영상 OTT 서비스에 대한 규제문제는 미디어 산업 분야에서 주요 정책 이슈 중 하나가 되었다. 또한 규제체계 측면에서도 동영상 OTT 서비스는 융합서비스라서 현재 국내에서 적용되는 규제체계로는 규율하기 어려운 상황이다. 이와 같은 이유로 그동안 동영상 OTT 서비스에 대한 규제문제는 논쟁의 대상이 되어 왔지만 그동안 사회적 합의를 이루기가 어려웠다. 동영상 OTT 서비스의 규제에 대한 사회적 합의가 어려운 원인은 다음과 같은 이유에서 찾을 수 있다.

첫째, 동영상 OTT 서비스가 새로운 융합서비스라서 그 유형이 다양할 뿐만 아니라 계속 진화 중이어서 현재의 규제정책으로 규율하기 어렵다.

동영상 OTT 서비스의 유형은 가입형, 광고형, 거래형 등 매우 다양하고 비즈니스 모델도 향후 융합될 가능성이 있으며 계속 변화 및 진화하고 있다는 점을 고려하면 그동안 이용해 온 규제로 동영상 OTT 서비스를 규율하기에는 어려움이 있다. 결국 규제체계 자체를 개혁해야 하는 문제에 직면한다.

둘째, 규제에 관한 논의에서도 동영상 OTT에 관한 문제를 사회적·문화적 측면에서 보는 입장과 경제적·산업적 측면에서 보는 입장에 따라 규제모델과 규제방식이 서로 다르다. 예를 들어 동영상 OTT 서비스의 일종인 인터넷 방송으로 초래되는 폭력이나 혐오 표현 문제를 강조하는 입장에서는 기존의 방송 서비스의 규제에 더 가까운 규제모델을 제시하는 경향이 있다. 하지만 동영상 OTT 서비스를 경제적으로 중요한 혁신 서비스로 보는 입장에서는 약한 규제모델을 제시하거나 규제 자체를 논의하지 않는 것이 더 바람직하다고 주장하기도 한다.

셋째, 현재 국내의 수직적 규제체계[1]를 유지하면서 동영상 OTT 서비스를 포섭해야 한다는 견해와 동영상 OTT 서비스 규제문제를 해결하기 위해 근본적으로 수평적 규제체계[2]를 국내에 도입해야 한다는 견해가 대립하고 있다.

넷째, 넷플릭스 등 글로벌 동영상 OTT 사업자의 시장 성장률이 점차 증가함에 따라 조세회피 등 글로벌 동영상 OTT 사업자로 인해 발생하는 문제를 해결하고 국내 미디어 사업자를 보호하기 위해서는 동영상 OTT 서비스에 대한 규제가 필요하다는 견해와, 동영상 OTT 서비스 사업에 대한 규제는 현실적으로 국내 미디어 사업자에게만 적용될 수 있으며 글로벌 사업자에게는 규제를 집행하기가 어려우므로 결과적으로 차별적인 규제가 될 수 있으니 규제를 하지 말아야 한다는 견해가 대립하고 있다.

---

1   국내에서는 방송과 미디어 서비스에 대해 전송매체나 서비스의 특성에 따라 구별된 규제체계를 적용하고 있다. 일반적으로 이러한 규제체계를 '수직적 규제체계'라 한다. 이와 같은 '수직적 규제체계'는 방송과 통신 영역을 구분하며, 각 서비스 영역 내에서도 개별 서비스별로 분리해 규제하고 있다.
2   수평적 규제체계는 서비스를 구성하는 요소와 기능을 수평적으로 분리해 동일 계층에 대해서는 동일 규제 원칙을 적용하고, 서로 다른 계층 간에는 규제 간섭을 최소화하며, 네트워크와 관계없이 동일한 콘텐츠, 특히 동영상 콘텐츠가 전송되는 모든 서비스에 대해서는 동일한 규제를 적용하는 규제체계이다(박민성, 2013).

다섯째, 동영상 OTT 서비스를 기존의 방송 서비스로 판단해 방송 서비스의 확장된 형태로 볼 것인지 또는 기존의 방송과는 차별화된 전혀 다른 서비스로 볼 것인지에 관해서 서로 다른 의견이 존재한다.

동영상 OTT 서비스에 대한 규제는 입장 차이에 따라 이처럼 서로 관점과 견해가 다르기 때문에 그동안 사회적 합의가 쉽게 이루어지지 못했다. 이와 함께 정책 이해관계자인 관련 규제기관이나 동영상 OTT와 관련된 사업자들 간에도 OTT 규제와 정책에 대한 의견에 차이가 존재한다. 향후 동영상 OTT의 규제와 정책에 대한 사회적 합의를 이루기 위해서는 이러한 다양한 견해와 갈등 요소를 충분히 토론하고 신중하게 논의함으로써 많은 사회 구성원이 동의할 수 있는 최종안을 선택해야 한다. 동영상 OTT 규제나 정책 문제에 있어 정책의 근본적인 목적인 공익public interest이 무엇인지를 다양한 토론과 숙의를 통해 도출할 필요가 있다.

동영상 OTT 서비스에 대한 해외 규제 현황

동영상 OTT 서비스 규제에 관한 논쟁은 국내에서와 마찬가지로 해외에서도 계속 진행 중이다. 예를 들어 EU는 2018년 시청각미디어서비스지침Audiovisual Media Services Directive: AVMSD(이하 AVMSD)을 개정했으며, 미국의 경우 2014년에 규칙제정공고Notice of Proposed Rulemaking: NPRM를 공개했으나 동영상 OTT 서비스 규제에 대해서는 상당히 신중하게 접근하고 있다.

동영상 OTT 서비스에 대한 해외 규제 현황을 살펴보는 것은 국내에서의 동영상 OTT 규제정책을 논의하는 데 신중을 기하기 위해 필요한 일이다. 이 장에서는 EU, 미국, 영국 및 독일의 동영상 OTT 규제 현황을 살펴본다.

EU: 수평규제체계 도입, 2018년에 AVMSD 개정

EU의 경우 방송통신서비스와 관련해 수평적 규제체계를 도입하고 있다. EU의 수평적 규제체계는 동일한 계층에 속하는 서비스에 대해 동일한 규제를 적용하는 '동일서비스 동일규제'를 원칙으로 해서 관련 방송, 통신 및 정보 서비스가 각각 다른 기술에 의해 제공될 경우 기술에 따라 다른 규제를 적용하지 않는 '기술중립적 규제technology neutral regulation'를 강조하는 규제체계이다.

〈그림 4-1〉은 EU의 수평적 규제체계를 보여준다. EU의 수평적 규제체계는 방송, 통신, 정보 서비스를 전송계층transmission layer과 콘텐츠계층content layer으로 구분하고 각 계층에 속하는 서비스에 대해서는 동일한 규제를 적용하는 것을 원칙으로 한다. 전송계층은 전자커뮤니케이션서비스ECS와 전자커뮤니케이션네트워크ECN로 구분되고, 콘텐츠계층은 시청각미디어서비스Audiovisual Media Services와 정보사회서비스Information Society Service로 구분된다. 예를 들어 전자커뮤니케이션서비스에는 전화, IP전송, TV전송 등이 포함되고, 전자커뮤니케이션네트워크에는 지상파망, 케이블망, 위성망, 통신망 등이 포함된다.

그림 4-1 **EU의 수평적 규제체계**

계층	서비스	
콘텐츠계층	시청각미디어서비스	정보사회서비스
전송계층	전자커뮤니케이션서비스	
	전자커뮤니케이션네트워크	

반면 콘텐츠계층의 시청각미디어서비스는 실시간 TV 방송과 VOD 등 선형linear과 비선형non-linear 콘텐츠 서비스로 구분해, 내용 규제의 경우 선형 서비스와 비선형 서비스가 동일한 규제를 받지만, 편성의 경우 기존의 TV 방송 서비스 같은 선형 서비스가 VOD 같은 비선형 서비스에 비해 더 강한 규제의 대상이 된다(장병희·강재원, 2015; 김희경, 2019).[3]

EU는 2009년 이후 동영상 OTT 서비스의 성장, OTT 서비스의 글로벌화 및 이용자 보호 강화 필요성 등을 반영해 그동안의 규제를 개정하려는 노력을 기울였다(황준호, 2019). 예를 들어 시청각미디어서비스를 규율하기 위해 2007년에 발효되었던 AVMSD를 2018년에 개정했다.

2018년에 개정된 AVMSD는 동영상 OTT 서비스와 관련해 이전

---

3   일반적으로 선형 서비스는 콘텐츠 서비스 제공자가 제공하는 프로그램의 시간적 배열을 결정하고 이용자에게 일방적으로 콘텐츠를 제공하는 서비스를 의미하며, 비선형 서비스는 시간별로 편성되어 있지 않고 이용자가 스스로 선택할 수 있는 콘텐츠 서비스를 의미한다(이상규, 2007).

에는 규제 대상에 포함되지 않았던 유튜브와 같은 개방형 인터넷 동영상 공유 플랫폼 서비스Video Sharing Platforms: VSP를 규제 대상의 범위에 포함했다.[4] 또한 개정된 AVMSD에서는 자유원칙 제한 사유를 선형 서비스와 비선형 서비스에 동등하게 적용하고 미성년자 보호 의무와 증오유발 개념(신념, 장애, 연령, 성적 소수 포함)을 확대했으며, 실시간 방송규제 완화 및 유럽산 제작물 쿼터제 VOD 적용 등의 내용을 추가했다(황준호·김태오, 2016; 황준호, 2019).

EU가 2018년 단행한 AVMSD 개정에서 흥미로운 점은 유튜브와 같은 VSP를 규제 대상의 범위에 넣기 위한 규제 당국의 노력이 확연하다는 점이다. EU는 AVMSD 개정을 통해 VSP를 규제 범위에 넣기 위해 시청각미디어서비스와 프로그램의 개념을 수정하고 기존의 TV 방송 서비스와 형식과 목적이 유사하다고 판단할 수 있는 기준인 TV-라이크TV-like 개념도 폐기했다(황준호·김태오, 2016).

이와 함께 EU는 콘텐츠 쿼터제를 통해 넷플릭스와 같은 주문형 시청각미디어서비스 사업자에게 제공하는 서비스 목록 중 30%는 유럽 저작물을 할당하도록 의무를 부과하는 규제를 추가했다(이상원, 2018b; 정윤식, 2019).[5] 이에 따라 현재 일부 EU 회원국은 수정된 AVMSD에 입각해 콘텐츠 쿼터제와 관련된 입법절차를 진행 중이

---

4   AVMSD 개정 이전에는 EU의 서비스 분류에 따라 인터넷 동영상 공유 플랫폼 서비스가 정보사회서비스(information society service)에 속했었다.
5   AVMSD 제13조 제1항은 "회원국은 자국의 관할권에서 주문형 시청각 미디어 서비스를 제공하는 미디어 서비스 제공자로 하여금 카탈로그에 유럽산 제작물을 최소 30% 이상 포함시키도록 하며, 유럽산 제작물의 현저성을 보장하도록 한다"라고 콘텐츠 쿼터제 도입을 명시하고 있다(정보통신정책연구원, 2018).

다.[6]

그러나 이러한 콘텐츠 쿼터제와 관련해서는 향후 두 가지 문제가 제기될 가능성이 있다. 첫째, 정부가 규제를 통해 이용자가 원하는 콘텐츠의 선택을 제한하는 이용자 권리 침해의 소지가 있으며, 둘째, 오히려 넷플릭스, 아마존, 디즈니 같은 글로벌 사업자가 콘텐츠 쿼터제에 적응한 후 효율적인 유럽 저작물을 생산할 경우 장기적으로는 시장에서 더 지배적인 위치를 확고히 할 가능성도 있다. 또한 글로벌 동영상 OTT 사업자들이 유럽 콘텐츠 할당을 통해 현지화 전략을 추구할 수도 있다. 따라서 유럽의 콘텐츠 쿼터제 도입의 효과는 계속 모니터링할 필요가 있다.

EU의 AVMSD 개정에 따라 동영상 OTT 사업자가 실시간 방송을 하면 TV 서비스로 간주되어 기존의 방송 서비스로 규제되게 되었고, VOD 서비스를 제공하면 주문형 동영상으로 간주되어 TV와 상이한 규제를 받게 되었다. 개방형 동영상 플랫폼 서비스도 규제의 범위에 포함될 수 있게 되었다(정윤식, 2019). 구체적으로 보자면, AVMSD 개정에 새롭게 추가된 개방형 동영상 공유 플랫폼의 경우 플랫폼 서비스 자체가 규제 대상이라기보다는, 해당 서비스 중 일

---

6   콘텐츠 쿼터제는 유럽에서 이미 성공적으로 SVOD 서비스를 제공 중인 넷플릭스와 아마존 프라임 비디오에 비용 부담을 증가시킬 것으로 보인다. 넷플릭스의 경우 4000시간 이상, 아마존 프라임 비디오의 경우 2000시간 이상의 유럽 콘텐츠를 영상 목록에 추가해야 한다는 분석도 존재한다(정윤식, 2019). 2019년 11월에 동영상 OTT 서비스인 디즈니 플러스를 출시한 디즈니는 디즈니 플러스 유럽 시장 진출과 EU의 콘텐츠 쿼터제를 고려해 유럽 콘텐츠 생산 거점인 영국 런던 부근에 파인우드 스튜디오를 장기임대하는 계약을 체결한 바 있다(박진형, 2019).

반 공중에게 정보, 오락, 교육을 제공할 목적으로 콘텐츠 구성에서 서비스 사업자가 결정권을 갖는 서비스가 규제에 포함될 수 있다 (황준호·김태오, 2016).

또한 유럽전자통신규제기구는 OTT 서비스를 범용(공공) 인터넷 망을 통해 최종 이용자에게 콘텐츠, 서비스, 또는 애플리케이션을 제공하는 서비스로 정의하면서 OTT의 유형을 구분했다(BEREC, 2016). 2장에서 제시한 바와 같이 유럽전자통신규제기구는 OTT의 유형을 수평적 규제체계하에서 규제를 받고 있는 전자커뮤니케이션서비스로 분류되는 유형(OTT-0), 잠재적으로 전자커뮤니케이션서비스와 경쟁할 수 있는 유형(OTT-1), 전자커뮤니케이션서비스에 해당하지 않거나 전자커뮤니케이션서비스와 잠재적으로 경쟁하지 않는 전자상거래나 비디오·음악 스트리밍 서비스 등 나머지 OTT 를 포괄하는 유형(OTT-2)으로 구분하고, OTT-0의 경우 전자커뮤니케이션서비스와 동일한 규제를 적용하는 것이 타당하다는 견해를 제시했다(BEREC, 2016).

또한 EU는 2018년 3월 디지털세Digital Tax에 대한 구체적인 과세 계획을 제시한 바 있다. 디지털세 과세 계획은 EU 내에서 5000만 유로(약 642억 원) 이상의 수익을 올리는 기업에 대해 3%의 세율로 과세할 수 방안인데, EU 회원국들의 합의가 지연되어 영국과 프랑스 등 일부 유럽 국가는 개별적으로 디지털세 도입을 검토하고 있다(정윤식, 2019).[7]

---

7 프랑스의 경우 매출의 3%를 디지털세로 부과하는 방안이 이미 프랑스 의회를 통과했고,

미국: 2014년 NPRM 공개 후 신중한 접근, 규제유보주의 지속

미국의 경우 동영상 OTT 서비스에 대한 규제를 그동안 유보해 왔으나 2012년부터 OVDOnline video distributer 개념을 신설하면서 동영상 OTT 시장에 대한 모니터링을 실시하기 시작했다(정보통신정책연구원, 2015). 미국에서는 동영상 OTT 서비스와 관련해 두 번의 중요한 소송을 거치면서 동영상 OTT 서비스에 대한 규제 논의를 지속해 왔다.

첫째 사례는 2010년 스카이 앤젤Sky Angel 소송이다. 콘텐츠를 제공받아 위성으로 전송하던 스카이 앤젤은 2008년 미국의 온라인 동영상 기술업체 뉴라이언Neulion과 제휴하고 셋톱박스를 통해 인터넷으로 동영상 콘텐츠를 유통하는 방식으로 서비스를 전환해 월 이용료를 지불하고 디스커버리 등 80여 개의 선형 채널을 IP망을 통해 제공하게 되었다. 그런데 디스커버리 등이 채널 공급을 거절하자 스카이 앤젤은 자사가 다채널방송사업자Multichannel Video Programming Distributors: MVPD(국내의 유료방송과 유사한 개념)인지에 대한 판단을 미국 연방통신위원회에 요구하고 법원에 제소했으나 패소했다(도준호, 2019). 법원은 스카이 앤젤 소송에서 OVD가 "가입자에게 제공되는 물리적 경로a physical path to subscribers"를 제공하지 않는 점을 이유로 OVD를 MVPD로 인정하지 않았다(정보통신정책연구원, 2015).

둘째 사례는 2014년 에어리오Aereo 소송이다. 에어리오는 지상파

영국은 2020년 4월경부터 매출의 2%를 디지털세로 부과하는 방침을 발표한 바 있다(최종희, 2019).

수신 대행 서비스로서 지상파를 대신 수신한 후 이를 개별 가입자에게 IP망을 통해 제공하는 OTT 사업자였다. 에어리오는 지상파와 재송신 협상을 하던 중 유리한 협상고지를 차지하기 위해 FCC에 에어리오에 대한 MVPD 권한 부여를 요청했으나 법원은 스카이 앤젤 소송에서와 같이 "가입자에게 제공되는 물리적 경로"를 제공하지 않는 점을 이유로 에어리오를 MVPD로 인정하지 않았다(도준호, 2019). 그러나 FCC는 에어리오 소송 이후 실시간 채널을 제공하는 OTT를 vMVPDvirtual MVPD로 규정했다.

스카이 앤젤 소송과 에어리오 소송은 FCC가 기존의 MVPD의 범위를 재검토하는 결과를 초래했고, FCC는 2014년에 NPRM을 공개하면서 가입형 선형 OVD를 MVPD에 포함시켜 규제하는 정책방안을 내놓았다. FCC는 2014년 NPRM에서 '채널 제공'을 '물리적인 경로의 통제'로 해석했던 기존 FCC의 입장을 완화해, '선형 프로그램의 제공'만으로 MVPD의 자격요건을 충족시킨다고 해석했다. 이로써 IP망을 통한 동영상 콘텐츠 제공이 증가하는 현실을 고려해 전송로 없는 콘텐츠 제공도 MVPD가 될 수 있는 길을 열어두었다(이상원, 2018a; 정보통신정책연구원, 2015). 2014년 NPRM에 따르면 유료로 제공되며 사전 편성된 스케줄에 따라 실시간 유통을 하는 OTT 사업자는 가입형 선형 OVD가 됨으로써 MVPD에 포함될 수 있다(정보통신정책연구원, 2015). 흥미로운 점은 2014년 NPRM에 근거하면 주문형, 거래형, 광고형 VOD는 여전히 MVPD에 포함되지 않아 규제를 받지 않는다. 즉, 주문형, 거래형, 광고형 VOD는 "유료로 제공되며 사전 편성된 스케줄에 따라 실시간 유통을 하는 OTT 사업자"에 해당하지 않기 때문이다. 따라서 2014년 NPRM에 따르면 넷플릭스의 SVOD 서비스와 유튜브의 AVOD 서비스는 MVPD에 해당하지 않아 규제 대상에 포함되지 않는다.

미국은 2014년 NPRM을 공개한 이후에도 여전히 규제유보주의적 입장을 유지하고 있으며, 2014년 NPRM이 그대로 입법에 반영된다고 할지라도 유료로 실시간 콘텐츠 유통을 하지 않는 다양한 유형의 동영상 OTT는 EU의 경우와 달리 규제 대상에 포함되지 않는다. 이로 인해 현재까지는 당분간 규제유보주의를 지향하고 규제를 해야 할 상황에서도 최소한의 규제에 그칠 가능성이 높아 보인다.

동영상 OTT 규제에 관한 EU와 미국의 확연히 다른 입장은 결국 미국과 유럽의 각국이 처한 현재 상황에서 국익을 유지하는 데 도움이 되는 규제안을 선택하려는 의도로 보인다. 현재 유럽에서 시장 점유율이 점차 증가하고 있는 동영상 OTT 서비스는 넷플릭스, 아마존, 유튜브, 페이스북 등 미국 기업의 OTT 서비스이기 때문이다. 전 세계 인터넷 검색시장의 90%가량을 차지하는 구글에 인터넷 검색시장을 내준 뼈아픈 경험이 있는 유럽 국가들로서는 동영상 OTT 서비스 시장마저 미국 기업에 내줄 수는 없다고 판단했을 것이고, 이러한 판단은 유럽과 미국의 동영상 OTT 규제안에도 반영되고 있다.

영국: 수평규제체계, 내용 및 광고규제 중심의 사후규제

영국은 미국과 달리 방송·통신 분야에 수평규제체계를 적용하고 있다. 2003년에 제정된 '커뮤니케이션법'에 따라 영국은 방송과 통신 영역에 대한 구분 없이 전자커뮤니케이션 영역과 콘텐츠 영역으로 이원화해 규제를 적용하고 있다. 콘텐츠 영역은 방송(선형)서비스와 비선형서비스로 다시 구분된다. 선형 및 비선형 서비스 간 구분은 콘텐츠가 끼치는 사회적인 영향력에 따른 구분이라고 볼 수 있다.

2003년 '커뮤니케이션법'에서는 EU의 AVMSD를 받아들여 비선형 주문 서비스를 ODPS_{On-Demand Programme Service}[8]로 분류하는 조항을 삽입해 동영상 OTT 규제의 법적 근거를 마련했다. 일반적으로 ODPS는 주문형 비실시간 동영상 콘텐츠를 의미하는데, ODPS에 대해서는 일반 방송 서비스보다는 낮은 수준의 규제를 적용하지만, 일반 인터넷 콘텐츠보다는 높은 수준의 규제를 적용한다(도준호, 2019). 즉, TV와 유사한 경험을 제공하는 동영상 콘텐츠인 ODPS에 해당할 경우, 기존의 방송사업자보다 약한 규제를 받게 된다.

ODPS에 해당하면 서비스를 등록할 의무를 지게 되고, 혐오표현 등 유해 콘텐츠에 관한 내용규제, 광고규제, 협찬규제 등의 규제를 받는다. 기존의 방송 서비스가 허가대상이고 강한 규제를 받는 데 비해서 약한 수준의 규제를 받는 것이다. 이러한 ODPS에는 유료방

---

8   ODPS의 구분 기준은 기존 TV 서비스와의 유사성에 근거한 것으로 해석될 수 있다. 영국의 규제기관인 오프콤(Ofcom)에서는 다음과 같은 기준을 제시한 바 있다. 첫째, 해당 서비스의 주요 목적이 기존 선형 TV 서비스와 경쟁할 목적에서 그와 유사한 프로그램을 편성하는가? 둘째, 이용자들이 ODPS와 TV 서비스를 유사한 것으로 인식하고 대체재로 이용할 의향이 있는가? 셋째, 이용자들이 TV 서비스와의 유사성을 체험하는가?(Ofcom, 2009; 도준호, 2019) 따라서 '비선형성'과 선택성이라는 기술적 차별성 외에도 TV 서비스와의 대체 가능성을 중요한 판단 기준으로 삼고 있다고 볼 수 있다(이상원·강재원·김선미, 2018).

송이 제공하는 서비스와 아마존 프라임 비디오의 SVOD 및 TVOD 서비스가 포함되지만 해외에 서버를 두고 있는 넷플릭스 서비스는 ODPS에 포함되지 않는다(도준호, 2019).

이처럼 영국의 동영상 OTT 서비스에 대한 규제는 ODPS 개념을 통해 이루어지고, 기존의 유료방송에 비해 상대적으로 규제 수준이 낮으며, 내용 및 광고 중심의 규제이다. ODPS에 해당되는 경우 등록의무가 부여되므로 규제기관은 규제에 필요한 최소한의 정보를 획득하게 한다(도준호, 2019).

독일: 방송과 텔레미디어 간 구분을 통한 규제

독일은 '방송과 텔레미디어를 위한 국가협정' 제2조에서 방송과 텔레미디어를 구분하고 있다. 동영상 OTT 서비스 사업자는 '방송과 텔레미디어를 위한 국가협정' 제2조에 따라 텔레미디어사업자로 구분된다. 텔레미디어사업자는 인터넷을 통해 VOD 서비스만 제공할 때에는 일반적으로 통신판매를 위해 필요한 텔레서비스사업자로 등록만 하면 되며, 이 경우에는 방송 관련 규제를 받지 않는다(정보통신정책연구원, 2015).

독일의 경우 방송을 '편성된 계획에 따라 선형적으로 동영상과 소리를 전자기적 파장을 통해 전파하는 서비스'로 보고 있으며, 텔레미디어는 '방송이 아니거나 순수한 기술적 통신이 아닌 모든 정보 및 커뮤니케이션 서비스'를 말한다(한국콘텐츠진흥원, 2015). 따라서 온라인을 통해 동영상이나 문자를 서버로부터 다운로드 받을 수 있는 서비스는 텔레미디어이며, 방송사들이 인터넷으로 제공하는 다시보기 서비스와 VOD 서비스도 텔레미디어에 속한다. 그러나 인터넷으로 전파되는 미디어 서비스라고 하더라도 선형적으로 편성된 계획에 따라 동영상과 음성을 전파하면 방송으로 규정되며, 이때는 허가를 받아야 한다(한국콘텐츠진흥원, 2015). 즉, 독일에서는 선형적이고 편성된 계획에 따라 제공되는 실시간 동영상 OTT는 방송으로 규제를 받으며, 비실시간 동영상 OTT는 규제를 받지 않는다. 따라서 넷플릭스와 같은 SVOD 서비스는 여론에 영향을 미치는 방송사업자가 운영하지 않고 자체적인 네트워크망도 소유하지 않으며 영상을 주문형으로 통신 판매한다는 점에서 '텔레미디어법'에 따라 텔레서비스 사업자로 등록만 하고 있다. 유튜브의 경우에도 단순한 비디오포털로 등록되어 있다(정두남·정인숙, 2017).

최근 독일에서는 '소셜미디어법'이 통과됨에 따라 페이스북이나 트위터 같은 소셜미디어 사업자에게 자신의 서비스 내에서 유통되는 명백히 불법으로 간주되는 혐오 게시물을 이용자가 신고할 경우 24시간 이내에 해당 게시물을 삭제해야 할 의무를 부과했다. 불법으로 간주되는 게시물에는 혐오 및 차별 발언, 테러 선동, 허위 정보, 아동 및 미성년자 포르노 등이 포함된다. 해당 소셜미디어 사업자가 이 같은 내용을 위반할 경우 최대 5000만 유로(약 660억 원)의 과징금이 부과될 수 있다. 독일에서 '소셜미디어법'이 통과된 것은 유태인 학살 등의 역사적 과오로 인해 특정 집단에 대한 증오 범죄에 민감한 독일의 특수성이 반영되었다는 평가가 지배적이다(황용석·권오성, 2017).

동영상 OTT 서비스에 대한 규제모델 비교

전술한 바와 같이 해외의 경우와 유사하게 국내에서도 동영상 OTT 서비스 규제에 관한 논쟁은 지속되어 왔다. 국내에서는 방송·통신 분야에서의 융합서비스 규제에 대한 문제와 함께 수평적 규제 체계의 도입과 관련된 논쟁이 이미 2000년대 초반부터 시작되었다. 특히 글로벌 동영상 OTT 사업자인 넷플릭스의 국내 진출 및 유튜브의 성장과 함께 국내에서도 다양한 사회문화적·산업적 문제가 대두되면서 동영상 OTT의 성장과 이에 따른 규제는 현재 미디어 산업 분야에서 화두가 되고 있다.

동영상 OTT 산업의 성장과 이에 따른 다양한 문제를 해결하기 위한 규제 방향을 다루기 위해서는 먼저 그동안 국내에서 논의되어 온 몇 가지 규제모델을 비교해 보고 장단점을 이해할 필요가 있다. 여기서는 최근에 국내에서 제시된 동영상 OTT 서비스에 대한 규제모델을 다섯 가지로 나누어서 비교해 본다.

기존의 방송법 규제체계에 동영상 OTT 서비스를 편입해 규제하는 안

현재 국내 방송법은 지상파, 종편, 유료방송, PP 등을 망라해 방송산업 전반을 규율하고 있다. 이러한 기존의 방송법 체계에 동영상 OTT 서비스를 편입해 규제하는 방안에 대한 논의는 최근 동영상 OTT 서비스를 부가유료방송사업자와 인터넷방송콘텐츠제공사업자로 구분해 방송법 규제에 포함하려는 일련의 시도로부터 본격

적으로 시작되었다.[9]

2019년 1월 국회에서 발의된 통합방송법안에서는 방송을 "방송 프로그램을 공중(개별계약에 의한 수신자를 포함하며, 이하 "시청자"라 한다)에게 전기통신설비에 의해 송신하는 것"으로 정의함으로써(대한민국 국회, 2019a), 기존의 방송법 제2조 제1항의 방송의 정의에서 '기획·제작·편성'을 삭제하고 방송의 범위에 동영상 OTT 서비스를 포함시키려고 시도했다. 또한 2019년 1월 국회에서 발의된 통합방송법안에서는 유료방송 플랫폼인 케이블, 위성방송, IPTV 사업자를 '다채널유료방송사업자'로 통합하고 동일한 규제를 적용하며, 동영상 OTT 사업자 중 일부를 '부가유료방송사업자'로 포함해 방송법안으로 포괄하며, 기존의 PP 외에 '인터넷방송콘텐츠제공사업자'를 신설하고, 두 사업자를 포괄해 '방송콘텐츠제공사업자'로 분류하는 내용을 담았다(대한민국 국회, 2019a; 최세경, 2019).

이와 같이 2019년 1월 국회에서 발의된 통합방송법안의 특징은 현재 부가통신사업으로 분류되는 동영상 OTT 서비스의 일부를 방송 서비스로 편입해 규제하는 것이다(홍종윤, 2019). 즉, 동영상 OTT 서비스 중 방송 서비스와 동일하거나 유사한 서비스를 구별해 '부가유료방송사업자'와 '인터넷방송콘텐츠제공사업자'라는 방송 서비스 지위를 부여하고 이들 서비스를 '방송'으로 간주함으로써 방송규제의 영역에 포함시키려는 것이 특징이다(홍종윤, 2019). 또한 2019년 1월 국회에서 발의된 통합방송법안에서는 시장 진입과 관련해 '부

---

9 대표적인 예가 2019년 1월 국회에서 발의된 방송법 전부개정법률안(통합방송법안)이다.

가유료방송사업자' 중 실시간 방송을 제공하는 사업자는 '등록'을, 실시간 방송을 제공하지 않는 사업자는 '신고'를 하도록 규정했다(대한민국 국회, 2019a).

2019년 1월에 제시된 통합방송법안에는 기존 방송법 규제체제를 유지한 상태에서 유료방송시장에서의 비대칭 규제의 문제를 해결하는 등 일부 동일서비스 동일규제의 원칙이 적용되었으나, 기존 방송법 규제체제를 유지하는 대안으로 방송과 통신서비스의 구분 없이 전송계층과 콘텐츠계층으로 구분하는 전반적인 수평적 규제체계를 도입한 것은 아니라고 판단된다. 이에 지금은 물론이고 앞으로도 계속 진화할 혁신적인 동영상 OTT 서비스를 기존의 방송으로 간주하고 기존의 방송법에 의해 규율하는 것이 최선인가 하는 문제가 제기되었다. 아울러 1인 방송과 MCN을 인터넷방송콘텐츠 제공사업자로 구분하고 방송법으로 규율하는 것이 적절한가에 대해서도 의문이 제기되었다.

이에 따라 2019년 7월 국회에서는 기존 통합방송법안을 수정한 통합방송법안을 발의했다. 수정된 통합방송법안에서도 방송을 "방송프로그램을 공중(개별계약에 의한 수신자를 포함하며, 이하 "시청자"라 한다)에게 전기통신설비에 의해 송신하는 것"으로 정의함으로써(대한민국 국회, 2019b), 방송의 정의에 동영상 OTT 서비스가 포함될 가능성을 열어두었다. 하지만 제2조 제4항의 '방송사업'에 '온라인 동영상 제공사업자'를 추가해 동영상 OTT 서비스를 방송법 체계 내에 포함시켰다. 수정된 통합방송법안에서 '온라인 동영상 제공사업자'는 온라인 동영상 제공사업을 하기 위해 방송사업자와 외주제작사, 또는 이용자 등으로부터 대가 등 경제적 이익을 조건으로 실시간 방송프로그램 또는 영상·음성·음향·데이터 등의 콘텐츠를 공급받거나 수집·중개해 이용자에게 제공할 목적으로 제11조 제3항에 따라 신고한 자를 의미한다(대한민국 국회, 2019b). 또한 수정안에서는 실시간 방송프로그램을 제공하는 사업자도 등록이 아닌 신고만으로 시장에 진입할 수 있도록 했다. 온라인 동영상 제공사업자에 대해서는 방송통신심의위원회의 심의체계를 별도로 마련했으며, 이와 함께 1인 방송과 MCN을 규제 대상에서 제외했다.

수정된 통합방송법안은 2019년 1월에 발의된 법안과 비교해 상대적으로 규제의 강도가 낮아졌다고 할 수 있다. 그러나 전반적인 수평규제체계를 도입한 것은 아니다. 수정된 통합방송법안은 동영상 OTT 서비스에 방송관련 규제를 적용함으로써 동영상 OTT 서비스를 방송법에 편입시키려 했다는 점에서는 2019년 1월에 발의된 법안과 유사하다.

수평적 규제체계 A안: 2계층 구분, 방송은 지상파에 한정, 유료방송 분리

2019년 국회에서는 기존의 방송법 규제체계에 동영상 OTT 서비스를 편입해 규제하는 방안과는 별도로 수평적 규제체계를 실제로 도입하는 안들도 제시되었다. 예를 들어 정보통신정책연구원에서는 수평적 규제체계에 입각해 방송통신서비스를 분류하는 두 가지 대안을 제시한 바 있다(황준호, 2019). 또한 OTT 제도화를 위해 수평적 규제체계를 단계적으로 도입하는 전략도 제시되었다(이상원·강재원·김선미, 2018).

그림 4-2 **수평적 규제체계 도입 A안과 동영상 OTT 서비스**

분류	영상콘텐츠 중심		영상콘텐츠 외 기타 콘텐츠 중심
	시청각미디어서비스		정보사회서비스
	실시간 서비스	주문형 서비스	
콘텐츠계층	시청각미디어채널 (유료 PP, 실시간 OTT 콘텐츠)	VOD 서비스	인터넷신문, 팟캐스트, 정보 CP
전송계층	전자커뮤니케이션서비스(ECS): 유료방송, OTT 플랫폼 등		
	전자커뮤니케이션망(ECN): 방송망, 통신망		

자료: 이상원·강재원·김선미(2018)를 수정·추가 및 재구성.

수평적 규제체계 A안은 EU의 수평적 규제체계와 같이 계층을 전
송계층과 콘텐츠계층으로만 구분하는 2계층 구분에 기반한다(〈그
림 4-2〉 참조). 전송계층은 전자커뮤니케이션망과 전자커뮤니케이
션서비스를 포함하며, 콘텐츠에 대한 편집과 편성 등 편집통제력을
갖는 서비스는 콘텐츠계층으로 구분하고, 편집통제력을 갖지 않는
서비스는 전송계층으로 구분하는 안이다.[10] 즉, 채널별 패키징과 전
송, 물리적 네트워크를 합쳐 하나의 전송계층으로 구분하고, 콘텐
츠의 기획·제작, 콘텐츠의 시간대별 패키징 및 콘텐츠 수집 등을 합
쳐 하나의 콘텐츠계층으로 구분한다(이상규, 2007).

수평적 규제체계 A안에서는, SO, IPTV, 위성방송 서비스와 같은

---

10 편집통제력에 대한 해석이 명확하지 않을 경우에는 '규제유형분류심사위원회'를 구성해
편집통제력 유무를 해석하면 보다 합리적일 것이며 일관적으로 계층을 구분할 수 있을
것이다(이상원·강재원·김선미, 2018).

기존의 유료방송 플랫폼이 전송계층 중 전자커뮤니케이션서비스 사업으로 분류될 수 있고, OTT 서비스 중에서도 전송과 패키징 등 단순히 채널을 모아 상품화해 전송하는 서비스는 전송계층으로 분류될 수 있다. 그러나 이러한 경우에도 기존의 유료방송 서비스(예: 기존 유료방송과 사실상 동일한 실시간 선형 OTT 서비스)와 사실상 유사하며, 대체성을 지니고 있어서 하나의 시장으로 획정이 가능한 경우에 기존의 다른 전자커뮤니케이션서비스와 동일한 규제를 받을 수 있다(이상원·강재원·김선미, 2018).[11] 수평적 규제체계 A안과 같이 2계층 구분 모델을 도입할 경우, 전송계층에서는 시장경쟁 활성화가 규제의 중심적인 목표여서, 시장지배적 사업자의 반경쟁적 행위, 망에 대한 공정한 접속 및 개방, 보편적 서비스에 대한 접속, 주파수의 효율적 활용 같은 경제적 규제가 주를 이루게 된다(강재원, 2009).

수평적 규제체계 A안의 경우, 콘텐츠계층의 서비스는 EU의 수평적 체계와 같이 시청각미디어서비스와 정보사회서비스(예: 인터넷 신문 등)로 구분될 수 있다. 시청각미디어서비스는 주로 영상콘텐츠를 생산(기획, 편성, 또는 제작)하는 기능을 주역무로 제공하는 서비스로서, 시청각미디어서비스 중 유료 PP, 실시간 OTT 콘텐츠 등 실시간 서비스는 콘텐츠계층에서 시청각미디어채널로 분류되며, 주문형 서비스는 다양한 VOD 서비스를 의미한다. 콘텐츠계층의 서

---

11 유료로 제공되고 사전 편성된 스케줄에 따라 송출되며 기존의 유료방송과 대체성이 있는 OTT 서비스를 의미한다(이상원·강재원·김선미, 2018). 따라서 대체성 검증이 필요하다.

비스는 주로 사회적·문화적 규제가 주를 이룬다. 플랫폼 관련 사업 중 패키징과 전송기능을 주역무로 하는 사업은 편집통제력이 없기 때문에 전송계층으로 분류되며, 편집통제력을 지닌 플랫폼 사업은 콘텐츠계층으로 분류될 수 있다(이상원·강재원·김선미, 2018).

수평적 규제체계 A안의 특징 중 하나는 방송을 지상파에 한정하고 유료방송과 동영상 OTT를 전자커뮤니케이션서비스로 다룬다는 것이다. 즉, 유료방송은 지상파방송과 분리된다. 이렇게 지상파 서비스와 기존의 유료방송을 구분함으로써 공적책임이 중요한 지상파의 특수성을 유지하는 한편 기존의 유료방송에 대한 규제를 완화할 수 있다(황준호, 2019).

이와 같은 2계층 구분 방식은 규제의 틀이 비교적 단순하고 기술 및 서비스 혁신이 중요한 플랫폼 사업에 대한 규제 부담을 줄여 창의적인 서비스 개발을 유도할 수 있다는 장점이 있다(황준호, 2019). 그러나 국내의 경우 실질적으로 활동하고 있는 플랫폼을 어떻게 분류할 것인지에 대한 쟁점이 단점으로 작용할 수도 있다(장병희·강재원, 2015).

수평적 규제체계 B안: 3계층 구분, 현행 방송통신서비스의 분류체계 유지

수평적 규제체계 B안은 〈그림 4-3〉에 제시된 바와 같이 전송계층, 플랫폼계층, 콘텐츠계층의 3계층 구분에 기반한다. 플랫폼을 전송계층으로 구분하지 않고 별도의 플랫폼계층으로 구분하면 플랫폼의 불공정 거래를 규제하고 이용자 보호를 촉진할 수 있다는 장점이 있다. 3계층 구분 모델은 플랫폼계층을 독립적으로 규제할

그림 4-3 **수평적 규제체계 도입 B안과 동영상 OTT 서비스**

분류	영상콘텐츠 중심				영상콘텐츠 외 기타 콘텐츠 중심
	시청각미디어서비스				정보사회 서비스
	실시간 서비스			주문형 서비스	
콘텐츠	방송채널			시청각미디어 채널 (실시간 OTT)	인터넷신문, 팟캐스트, 정보 CP
	공영	공공 서비스	민영 지상파 PP	VOD 서비스	
플랫폼	방송플랫폼 (지상파, 유료방송)			시청각미디어플랫폼 (OTT)	포털, SNS, 콘텐츠 플랫폼
네트워크	방송망(지상파, 유료방송) & 통신망(범용 인터넷망)				

자료: 황준호(2019)를 수정 및 재구성.

수 있다는 점에서 정책 이해관계자와 정책 담당자들에게 정책적 일
관성을 제공하는 장점도 있으나, 플랫폼계층 내부에 콘텐츠 요소와
네트워크 요소가 혼재되는 상황에서 두 가지 서로 다른 요소를 함
께 통합적으로 규제할 경우 기존의 수직적 규제체계가 다시 적용되
어 수평적 규제체계 도입의 유용성이 사라질 수 있는 단점도 있다
(장병희·강재원, 2015).

수평적 규제체계 B안에서 네트워크계층은 지상파, 유료방송 등
의 방송망과 범용인터넷망을 포함한 통신망을 의미한다. 플랫폼계
층에는 지상파와 유료방송을 포함하는 방송플랫폼, OTT 플랫폼을
포함하는 시청각미디어플랫폼과 기타 콘텐츠 플랫폼이 포함되며,
콘텐츠계층에는 실시간 서비스인 방송채널(공영, 공공서비스, 민영
지상파 PP 등)과 시청각미디어채널(실시간 OTT 포함) 및 주문형 서비

스인 VOD 서비스가 포함된다. 영상콘텐츠 중심인 시청각미디어서비스는 이와 같은 실시간 및 주문형 서비스로 구성되어 있다. 실시간 서비스와 주문형 서비스는 콘텐츠가 이용자에게 시간적으로 일방향으로 제공되는가 또는 양방향으로 제공되는가에 따라 구분된다(황준호, 2019). 아울러 정보사회서비스(예: 인터넷신문)는 영상콘텐츠 외 기타 콘텐츠 중심의 서비스라고 볼 수 있다.

수평적 규제체계 B안의 특징은 지상파와 유료방송을 포함해 방송으로 보고, 동영상 OTT 서비스는 방송의 영역에 포함되지 않는다는 점이다. 이런 측면에서 수평적 규제체계 B안은 기존의 방송법 규제체계에 동영상 OTT 서비스를 편입해 규제하는 방안과는 다르며, 방송을 지상파에 한정하고 유료방송과 동영상 OTT를 전자커뮤니케이션서비스로 다루는 수평적 규제체계 A안과도 차이가 있다. 수평규제체계를 도입하되 유료방송을 기존의 방송플랫폼으로 간주함으로써 현행 방송통신서비스 분류체계를 유지하는 시장현실을 반영한 점진적 개혁방안이라고 할 수 있다(황준호, 2019). 그러나 다른 한편에서 보면 유료방송에 대한 기존 규제가 과도하므로 유료방송에 대한 규제를 완화할 필요가 있다. 또한 유료방송 플랫폼과 동영상 OTT 플랫폼이 경쟁적인 관계에 있다고 볼 경우 수평적 규제체계 B안은 유료방송과 동영상 OTT 플랫폼의 차별화된 규제문제를 해결하기 어려운 방안이라 할 수 있다.

수평적 규제체계 C안: 3계층 구분, 방송은 지상파에 한정

수평적 규제체계 C안은 〈그림 4-4〉에 제시된 바와 같이 전송계

그림 4-4 **수평적 규제체계 도입 C안**

분류	영상콘텐츠 중심				영상콘텐츠 외 기타 콘텐츠 중심
	시청각미디어서비스				정보사회 서비스
	실시간 서비스			주문형 서비스	
콘텐츠	지상파방송채널			시청각미디어채널 (유료 PP, 실시간 OTT)	인터넷신문, 팟캐스트, 정보CP
	공영	공공 서비스	민영	VOD 서비스	
플랫폼	지상파방송 플랫폼			시청각미디어플랫폼 (유료방송, OTT)	포털, SNS, 콘텐츠 플랫폼
네트워크	방송망(지상파, 유료방송) & 통신망(범용 인터넷망)				

자료: 황준호(2019)를 수정 및 재구성.

층, 플랫폼계층, 콘텐츠계층의 3계층 구분에 기반한다. 3계층 구분
모델을 이용한다는 점에서 수평적 규제체계 B안과 유사하다. 앞서
제시된 바와 같이 3계층 구분 모델은 플랫폼을 전송계층으로 구분
하지 않고 별도의 플랫폼계층으로 구분하므로 플랫폼의 불공정 거
래 문제를 규제하고 이용자 보호를 촉진하는 등 플랫폼계층을 독립
적으로 규제할 수 있다는 장점을 가지고 있다.

수평적 규제체계 C안에서도 네트워크계층은 지상파, 유료방송
등의 방송망과 범용인터넷망을 포함한 통신망을 의미한다. 하지만
플랫폼계층은 지상파방송플랫폼과 유료방송 및 OTT 플랫폼을 포
함한 시청각미디어플랫폼으로 나뉜다. 즉, 방송이 지상파에 한정된
다는 점에서 수평적 규제체계 B안과 차이가 있다. 콘텐츠계층에는
실시간 서비스인 지상파방송채널과 시청각미디어채널(유료 PP, 실

시간 OTT 포함), 주문형 서비스인 VOD 서비스가 포함된다. 영상콘텐츠 중심인 시청각미디어서비스는 수평적 규제체계 B안과 같이 실시간 서비스와 주문형 서비스로 구분되며, 정보사회서비스(예: 인터넷신문)는 영상콘텐츠 외 기타 콘텐츠 중심의 서비스라고 볼 수 있다.

수평적 규제체계 C안의 특징은 방송은 지상파에 한정하고, 유료방송과 동영상 OTT에 대해 수평적 규제체계를 도입한다는 점이다. 이런 측면에서 수평적 규제체계 C안은 기존의 방송법 규제체계에 동영상 OTT 서비스를 편입해 규제하는 방안과 다르며, 방송을 지상파에 한정하고 유료방송과 동영상 OTT를 전자커뮤니케이션서비스로 다루는 수평적 규제체계 A안과 유사하다. 수평적 규제체계 C안은 지상파방송의 독자적인 규제영역은 보존하면서 방송과 인터넷을 아우르는 동영상 서비스의 미래 변화를 반영하는 안이라고 볼 수 있다(황준호, 2019). 그러나 수평적 규제체계 C안의 경우 3계층 구분 모델을 이용하기 때문에 2계층 구분 모델에 비해 규제의 틀이 복잡해질 수 있다.

동영상 OTT 서비스 규제를 유보하는 안

지금까지 살펴본 바와 같이 2019년 국회에서는 기존의 방송법 규제체계에 동영상 OTT 서비스를 편입하는 규제안과 동영상 OTT 서비스에 대해 수평적 규제체계를 도입하는 규제정책 대안이 발의되었다. 하지만 동영상 OTT 서비스 규제를 유보하자는 대안도 검토될 수 있다.

그동안 한국, 미국, 일본은 동영상 OTT 서비스에 대한 규제를 유보해 왔다. 규제 유보는 동영상 OTT 서비스가 향후 성장 가능성이 큰 혁신 서비스라는 점에서 정당화될 수 있다. 특히 국내에서는 그동안 국내 동영상 OTT 서비스 사업자들이 시장에 진입하는 초기단계였고, 이용자들의 수요가 비교적 낮은 수준이었으며, 동영상 OTT 서비스가 활성화될 만큼 이용자들의 지불의사willingness-to-pay도 시장에서 높은 수준이 아니었다는 점에서 정당화될 수 있었다. 또한 국내의 경우 동영상 OTT 서비스에 대한 규제를 강화할 경우 규제가 제대로 집행되기 어려운 해외 사업자 대신 국내 사업자에게만 규제가 적용될 가능성이 있어서 국내 사업자와 해외 사업자 간 규제의 역차별이 문제점으로 제기되어 왔다.

동영상 OTT 서비스에 대한 규제를 유보하자는 입장은 대략 두 가지로 구분할 수 있다. 첫째는 단기적으로 일단 규제를 유보하면서 제도화에 필요한 규제안을 장기적으로는 마련하자는 입장이다. 둘째는 장기적인 관점에서 볼 경우 동영상 OTT 서비스는 기존의 방송이나 통신과는 다른 융합서비스이므로 더 오랜 기간 동안 규제를 할 필요가 없다는 입장이다.

이러한 관점의 차이는 동영상 OTT 서비스의 미래 시장에 관한 예측과 동영상 OTT 서비스가 가져올 사회문제를 보는 관점에 따라서 달라질 수 있다. 그러나 분명한 것은 동영상 OTT 서비스가 가져올 다양한 경제적·사회적 문제에 규제기관이 효율적으로 대처해야 할 필요성은 점차 증대되고 있다는 점이다.

동영상 OTT 서비스를 위한 바람직한 정책 방향

'탈추격형 발전전략'으로서의 OTT 서비스와 정부의 역할

제1장에서 살펴본 바와 같이 디지털 트랜스포메이션은 조직적(또는 기업적) 관점에서 보았을 때 새로운 디지털 기술을 활용해 고객 및 시장의 파괴적 변화에 적응하거나 이를 추진하는 지속적인 '혁신의 과정'으로 이해할 수 있다(이상원, 2017). 동영상 OTT 서비스는 미디어 산업에서 이러한 디지털 트랜스포메이션의 가장 좋은 예라고 할 수 있다.

'경제추격'에 관한 기존 선행연구들은 동영상 OTT 서비스와 같은 디지털 트랜스포메이션을 통한 융합과 혁신이 경제성장에 영향을 미칠 주요 요인이 될 수 있으며, 후발자가 어떤 유형의 기술추격 유형을 통해 성장을 추구해야 하는지에 대한 논의의 틀을 이론적으로 제공한다(이상원, 2017).

슘페터학파의 경제추격 관련 선행연구들은 경제적 후발자들의 기술추격 유형을 선발자가 지나간 경로를 그대로 추종하는 '경로추종형 추격path-following catch-up', 선발자가 지나간 경로 중 일부 단계를 생략해 추격하는 '단계생략형 추격path-skipping catch-up', 초기에는 선발자의 기술을 습득해 그대로 추격하는 형태를 따르지만 어느 시점부터 선발자의 기술을 새롭게 변형시켜 선발자와 다른 기술경로를 창출하는 '경로창출형 추격path-creating catch-up', 후발주자가 선발주자를 추격하던 단계에서 벗어나 선도로 진입하거나 기존의 모방 전략에서 새롭게 경로를 창출하는 '탈추격형post catch-up 발전전략' 등으로 구분함으로써 경제추격에 대한 논의를 한층 발전시켰다(이근, 2014a).

한국 기업의 혁신 활동은 이미 기존의 성숙기에서 유동기로까지 확장되고 있는 것으로 관찰된다. 이는 추격자에서 창출자로의 전환을 의미하는 것이기 때문에 향후 정부 주도의 추격형 모델을 계속 추구하는 것은 적합하지 않을 것이다(과학기술정책연구원, 2006; 이근, 2014b). 향후 미디어 산업에서도 선발자의 기술을 새롭게 변형시켜 선발자와 다른 기술경로를 창출하는 '경로창출형 추격' 또는 후발자가 선발자를 추격하는 단계에서 벗어나 선도로 진입하거나 기존의 모방 전략과는 다른 새로운 경로를 창출하는 전략이자 이종기술 및 이종산업 간 융합에 기반한 전략인 '탈추격형 융합혁신 성장전략'이 필요하다.

미디어 산업에서는 이러한 '탈추격형 융합혁신 성장전략'의 중심에 동영상 OTT 산업이 있다. 디지털 트랜스포메이션 환경에서는 기존의 기술혁신과 달리 '이종기술 및 이종산업 간 융합혁신 전략'이 핵심적인 성장전략이 될 수 있다(이상원, 2017). 동영상 OTT 산업은 미디어 산업 분야에서 이러한 '이종기술 및 이종산업 간 융합혁신 전략'의 핵심적 요소라 할 수 있다. 예를 들어 동영상 OTT 서비스는 이미 이종의 디지털 트랜스포메이션이 주도하는 기술인 AI, 빅데이터, IoT, VR 등과 다양하게 융합되고 있다. 혁신적인 SVOD 서비스는 그중 하나의 예일 뿐이다. 향후 더 다양하면서도 창의적인 융합을 통해 제공되는 새로운 혁신 서비스는 미디어 산업 분야의 성장을 주도할 것이다.

특히 미디어 산업 분야에서 기존 유료방송 서비스의 성장이 점차 느려지고 기술수명주기에서 성숙기에 접어든 점을 고려하면 혁신적인 동영상 OTT 서비스를 통해 국내 미디어 산업을 성장시키는 것은 현재 매우 중요한 과제이다. 따라서 동영상 OTT 산업을 통해 미디어 산업 분야를 혁신성장하기 위한 기업과 정부의 노력이 절실히 요구되는 시점이다.

미디어 산업 분야에서 동영상 OTT 서비스를 통해 융합혁신하는 성장전략을 실현하기 위해 정부는 효율적인 진흥정책과 규제정책을 조합하는 역할을 담당해야 한다. 즉, 정부는 한편으로는 진흥정책을 통해 국내 동영상 OTT 산업의 혁신을 유도하고 경쟁력을 제고함으로써 국내 동영상 OTT 사업자가 대규모 글로벌 사업자와 실질적인 시장경쟁을 할 수 있도록 시장의 조력자facilitator 역할을 해야 한다. 또한 동영상 OTT 산업의 공정경쟁을 촉진해야 하고, 이용자 보호 등 동영상 OTT 서비스로 인한 사회문제를 해결해야 하며, 글로벌 동영상 OTT 사업자와 국내 동영상 OTT 사업자를 차별 없이 공정하게 규제해야 한다. 동영상 OTT 시장 성장의 과실을 글로벌 동영상 OTT 사업자가 부당하거나 과도하게 획득하는 것은 공익을 고려할 때 바람직하지 않기 때문이다. 따라서 정부는 혁신적인 동영상 OTT 서비스를 통해 '탈추격형 융합혁신 성장전략'을 추구하면서도 동영상 OTT 서비스로 인한 사회문제를 해결하고 합리적이면서도 공정한 규제자로서의 역할을 맡을 필요가 있다. 이러한 측면에서 동영상 OTT 서비스에 대한 규제정책과 진흥정책을 공익의 관점에서 조합하려는 노력이 절실하게 필요하다.

단기적으로 동영상 OTT 서비스에 대한 규제 유보를 고려해야 하는 이유

앞에서 언급한 바와 같이 혁신적인 동영상 OTT 서비스 시장이 성장·확산함에 따라 이용자는 예전보다 더 다양한 콘텐츠에 접근할 수 있게 되었고 이용자의 편의성도 증가하고 있다. 그러나 다른 한편으로는 동영상 OTT 서비스로 인해 각 나라는 다양한 경제적·사회문화적 문제에 직면하게 되었다. 특히 기존 방송 서비스와 동영상 OTT 서비스가 유사한 서비스를 제공하는데도 시장에서 서로 다른 규제를 받는 문제, 글로벌 동영상 OTT 사업자에 대한 규제문제, 혐오표현 등 유해 콘텐츠에 관한 내용규제 및 광고규제 문제 등을 예로 들 수 있다. 국내에서도 동영상 OTT 규제문제는 다른 나라에서와 같이 점차 이슈화되고 있으며, 이에 따라 2019년에는 국회에서 동영상 OTT 규제를 포함한 통합방송법안이 발의되기도 했다.

그러나 다음과 같은 동영상 OTT 시장의 상황을 고려하면 국내에서는 동영상 OTT 서비스에 대한 규제를 유보하는 방안을 단기적인 관점에서 고려할 필요가 있다.

첫째, 다수의 글로벌 동영상 OTT 사업자들이 2020년 이후 2~3년 이내에 국내 동영상 OTT 시장에 진입할 가능성이 크며, 이런 상황에서 동영상 OTT 서비스에 대한 규제집행은 '규제의 의도되지 않은 결과unintended consequences of regulation'를 가져올 수 있다. 글로벌 동영상 사업자들의 국내 시장 진출에 대응해 가장 바람직한 상황은 국내 동영상 OTT 사업자들이 경쟁력을 제고해 글로벌 동영상 OTT 사업자들과 시장에서 충분히 경쟁함으로써 시장의 효율성을 확보하고 이용자의 편익을 증가시키는 것이다. 현재 국내 시장에서 이루어지는 동영상 OTT 서비스에 대한 콘텐츠 수요를 보면 국내 드라마, 예능 및 영화 등 국내 콘텐츠에 대한 선호가 해외 콘텐츠를 앞선다. 국내 동영상 OTT 이용자들이 국내 콘텐츠를 선호하는 경향은 유럽 국가들처럼 문화적 할인이 크지 않은 경우와는 상당한 차이가 있다. 이는 국내에서 글로벌 동영상 OTT 사업자가 경쟁력을 확보하기 위해서는 국내 콘텐츠에 투자함으로써 국내 콘텐츠를 제공해야 한다는 점을 시사한다.

이런 시장 상황에서 국내 주요 동영상 OTT 사업자들은 실시간 방송과 VOD 서비스를 함께 제공하는 혼합형 서비스를 실시하고 있다. 이러한 시장 상황은 넷플릭스와 디즈니 플러스 등 주요 글로벌 사업자가 가입형 VOD 서비스만을 제공하는 것과 차이가 있으므로, 국내 주요 동영상 OTT 사업자는 글로벌 콘텐츠, 국내 실시간 방송 콘텐츠 및 VOD 콘텐츠를 동시에 제공함으로써 글로벌 동영상 OTT 사업자와 차별화할 수 있다. 따라서 국내 동영상 OTT 사업자들은 단기적으로 국내 이용자의 국내 콘텐츠 선호가 변하지 않는다면 국내 콘텐츠와 실시간 방송을 이용한 차별화 전략을 충분히 이용하면서 시장에서 경쟁할 필요가 있다.

그러나 현재 국내에서 논의되고 있는 동영상 OTT 서비스에 대한 규제안과 해외 규제 사례를 고려하면 실시간 OTT 서비스를 제공할 경우 기존의 유료방송과 유사하게 규제를 받을 가능성이 크다. 이렇게 국내 사업자가 주로 제공하는 실시간 OTT 서비스가 규제를 받으면 국내 동영상 OTT 사업자는 국내 콘텐츠 선호를 활용한 차별화 전략을 구사하기가 더 어려운 상황이 될 수 있다. 즉, 국내 동영상 OTT 사업자의 경쟁력을 높이기 위해서는 현재로서는 실시간 동영상 OTT 서비스에 대한 규제가 도움이 되지 않으며, 이러한 규제는 오히려 '규제의 의도되지 않은 결과'를 가져올 수 있다.

둘째, 동영상 OTT 서비스는 기존의 유료방송 서비스를 장기적으로 대체할 가능성이 있으나, 현재 국내 시장에서 동영상 OTT 서비스가 기존의 유료방송을 대체하고 있다고 평가하기는 어렵다. 기존의 유료방송 서비스는 성장률이 점차 둔화되고 있으나 아직 미국의 사례와 같이 상당한 대체관계를 보여주지는 않고 있다. 오히려 지금은 미디어 이용에서 서로 다른 기능을 수행하는 보완재 관계가 형성되고 있다. 넓게 보면 두 서비스가 같은 시장에 있으나 실제로 강한 대체관계가 아직 형성되지는 않고 있는 것이다. 따라서 국내에서 대체관계를 형성하기까지는 조금 더 시간이 걸릴 수 있다. 이런 상황에서는 실시간 동영상 OTT 서비스 등 유료 동영상 OTT 서비스를 기존의 유료방송 서비스와 같은 선상에서 규제하는 것이 무리이다.

셋째, 동영상 OTT 서비스에 대한 규제는 적절한 시기에 집행해야 규제의 효과를 제고할 수 있다. 현재의 시장 상황을 고려하면 규제안을 진지하게 논의하고 숙고하면서 미래의 미디어 산업의 규칙을 정하는 방안을 제시하는 것은 중요하다. 따라서 최소한 몇 년 동안 규제를 집행하지 않으면서 국내 동영상 OTT 서비스 사업자의 경쟁력을 제고하다가, 동영상 OTT 서비스와 유료방송 서비스가 대체관계를 형성했을 때 규제를 집행하는 것이 규제의 효과를 제고할 수 있을 것이다. 즉, 규제의 적시성timeliness of regulation도 중요하다. 현재 상황에서는 규제기관이 시장을 모니터링하고 시장에서 관련 사업자와 이용자에 관한 기본적인 데이터(예: 가입자 수, 매출액, 이용행태 등)를 수집하는 법적 근거를 마련하는 것이 더 적절하다고 판단된다. 오랫동안 유지할 수 있는 최상의 규제안을 만들기 위해서는 시장에 대한 모니터링과 데이터 수집이 중요하다. 이렇게 수집한 시장 데이터를 이용해 동영상 OTT 서비스의 유료방송에 대한 대체성도 평가할 수 있을 것이다.[12]

수평적 규제체계 도입 검토

단기적인 관점에서는 당분간 동영상 OTT 서비스 규제를 유보하는 것이 도움이 될 수 있지만, 장기적인 관점에서 동영상 OTT 서비스를 제도화하기 위해서는 수평적 규제체계를 도입할 필요가 있다. 따라서 수평적 규제체계 도입은 다음과 같은 몇 가지 측면에서 장점이 있다.

첫째, 기술 중립적 규제를 통해서 시장에서 경쟁을 촉진할 수 있다. 즉, 수평적 규제체계를 도입할 경우 특정 서비스가 각각 다른 기술에 의해 제공되더라도 기술에 따라 차별을 받지 않는 기술중립적 규제가 가능하다(황준호, 2019). 또한 동일계층에 속하는 서비스에 대해서는 동일규제를 적용함으로써 동일 또는 유사서비스에 차

---

[12] 동영상 OTT 서비스와 관련된 자료를 수집하고 데이터 분석 및 대체성 평가를 하기 위해서는 동영상 시장을 모니터링하는 '동영상 OTT 서비스 시장 모니터링 위원회'와 같은 전문가 위원회를 활용할 수 있다. 동영상 OTT 서비스가 기존 유료방송 서비스를 대체할 수 있는지 여부는 규제 논의의 기초이기도 한데, 이러한 위원회에서는 데이터에 기반해 이같은 대체성을 분석하고 평가할 수도 있다.

별화된 규제를 적용하는 것과 관련된 문제를 해결할 수 있다는 장점이 있다. 예를 들어 기존 유료방송시장에서는 유사 또는 동일한 경쟁 서비스로 볼 수 있는 케이블, 위성방송, IPTV에 대해 다른 규제를 적용했다. 즉, 케이블과 위성방송에 대해서는 방송법이 적용되고 IPTV에 대해서는 '인터넷멀티미디어방송사업법'이 적용되고 있다. 기존의 수직적 규제체계는 이러한 동일 또는 유사서비스 간 규제 차별화 문제를 해결하기 어렵다는 문제가 명백히 존재한다. 수직적 규제체계에서는 새로운 융합서비스가 창출되어 시장에 안착할 경우 새로운 법과 규제를 만들 수도 있는 가능성이 항상 존재한다. 따라서 이와 같은 기술 중립적 규제를 통한 경쟁 촉진은 기존 유료방송 플랫폼과 다양한 유형의 OTT 서비스와의 경쟁상황에서도 그 필요성이 증대되고 있다(이상원·강재원·김선미, 2018).

둘째, 수평적 규제체계는 변화하는 융합 환경에 적합한 규제체계이다. 디지털 융합으로 인해 서비스 및 산업 간 경계가 모호해지면서 수직적 규제체계는 그동안 방송과 통신으로 이원화된 규제로 인해 규제의 중복, 충돌, 공백 등의 문제가 제기되어 왔다(강재원, 2009). 이러한 규제의 중복, 충돌, 공백 등의 문제는 결국 규제의 비대칭성 문제로 연결될 수 있다. 수평적 규제체계는 네트워크-플랫폼-콘텐츠의 수직적 분류체계를 이원화함으로써 혁신적인 융합으로 인한 변화를 규제체계 내로 포섭할 수 있다는 장점이 있다(황준호, 2019).

이러한 수평적 규제체계를 도입하기 위해서는 실제로 도입에 적합한 수평적 규제체계 모델을 정할 필요가 있다. 앞서 동영상 OTT

규제모델에서 언급되었듯이, 수평적 규제체계를 도입하기 위해 그동안 2계층 구분 방식과 3계층 구분 방식이 논의되어 왔다. 2계층 구분 방식으로는 EU의 수평적 규제체계와 앞서 논의된 수평적 규제체계 A안을 예로 들 수 있다. 3계층 구분 방식으로는 앞서 논의된 수평적 규제체계 B안과 C안을 예로 들 수 있다. 2계층 구분 방식과 3계층 구분 방식의 차이는 플랫폼의 독립적 기능을 인정하는지 여부이다(장병희·강재원, 2015). 규제의 틀이 단순하고 정책 이해관계자들이 이해하기 쉬우며 혁신이 중요한 플랫폼 사업의 규제 부담을 줄인다는 측면에서는 2계층 구분 방식이 고려될 수 있지만, 3계층 불공정 거래 및 이용자 보호를 감안하면 3계층 구분 방식도 고려되고 선택될 수 있는 모델이다.

수평적 규제체계 모델을 선정할 경우 또 하나의 판단 기준은 지상파방송을 제외한 유료방송과 동영상 OTT 서비스에 수평적 규제체계를 도입할 것인지 또는 지상파와 유료방송을 같은 범주 안에서 방송플랫폼으로 볼 것인지와 관련되어 있다. 현재 진화해 가는 동영상 OTT 서비스가 미래에는 유료방송 플랫폼 역할도 수행할 수 있다는 점, 유료방송 서비스의 규제 완화를 고려할 필요가 있다는 점, 지상파는 공적 책임 확보 등 유료방송과는 상이한 특성을 지니고 있다는 점 등을 고려한다면, 지상파방송을 제외한 유료방송과 동영상 OTT 서비스에 수평적 규제체계를 도입하는 대안인 수평적 규제체계 A안과 C안이 고려될 수 있다.

결론적으로 앞서 논의된 규제안을 종합하면 단기적으로는 규제 유보를 유지하면서 중장기적 관점에서 수평적 규제체계 도입을 논의할 필요가 있으며, 지상파방송을 제외한 유료방송과 동영상 OTT 서비스에 수평적 규제체계를 도입하는 대안인 수평적 규제체계 A 안(2계층 구분 방식)과 C안(3계층 구분 방식)이 고려될 수 있다. 2계층 구분 방식과 3계층 구분 방식 가운데 어떤 것을 선택할지는 면밀한 분석과 충분한 여론 수렴을 거쳐 사회적 합의를 도출하는 것이 바람직하다.

장기적 관점에서 수평적 규제체계를 단계적으로 도입하는 전략

그렇다면 장기적인 관점에서 수평적 규제체계는 실제 어떻게 도입될 수 있을 것인가? 정책 이해관계자들의 수직적 규제체계에 대한 관성으로 인해 그동안 수평적 규제체계를 추진하는 과정에서는 저항, 규제기관 간 갈등, 정치적 고려 등 여러 요소가 작용했고 그 결과 수평적 규제체계는 본격적으로 도입되지 않고 있다(장병희·강재원, 2015). 이와 함께 동영상 OTT 서비스 규제 여부에 대한 사항도 아직 충분한 사회적 합의에 도달하지 못한 것으로 평가된다.

이와 같은 여러 요소를 고려해 장기적인 관점에서 수평적 규제체계를 다음과 같은 두 단계에 걸쳐 단계적으로 도입하는 전략이 필요하다.

첫 번째 단계는 수평적 규제체계를 도입하기 이전의 단계로서 기존의 수직적 규제체계 내에서 방송의 특성과 동영상 OTT의 진화 등을 고려해 방송사업을 구분해 분리 입법하는 것이다. 분리 입법 단계에서는 기존의 방송법 중 지상파방송 부분을 발췌해서 '공공서비스방송법'으로 분리하고, 기존의 방송법에 남아 있는 유료방송 관련 조항과 '인터넷멀티미디어방송사업법'을 통합한 방송법을 '유료방송서비스사업법'으로 제정해 동일서비스 동일규제를 적용하는 것이다(이상원·강재원·김선미, 2018).

또한 첫 번째 단계에서는 수평적 규제체계 도입을 준비하기 위해, 2018년 12월에 개정된 '전기통신사업법'이 모든 기간통신사업의 허가제를 폐지해 등록제로 완화한 것을 고려해서 유료방송사업(케이블, 위성방송, IPTV 사업)의 시장 진입을 '등록제'로 완화할 필요가 있다. 유료방송사업의 진입 규제 수준을 기간통신사업자와 같이 맞추고, 기술기준도 기술중립적으로 정리하는 것이 바람직하다. 또한 '유료방송사업법'에서는 기존의 케이블 서비스와 IPTV 서비스에 대한 규제가 시설변경허가, 준공검사, 요금규제 등에서 동등하지 않은 점을 고려해, 경쟁심화 등으로 필요성이 반감된 유료방송 시설변경허가 및 준공검사를 폐지하는 등 동일서비스 동일규제 원칙을 최대한 제고해야 한다(이상원·강재원·김선미, 2018).

이처럼 공적 소유 및 지배구조를 가지고 있으면서 상대적으로 공공성과 공적 책임이 더 강조되는 공영방송을 포함한 지상파방송 서비스와, 사적 소유 및 지배구조를 가지고 있으면서 시장과 산업적 색채가 더 강한 유료방송사업 서비스를 법체계상으로도 분리할 필요가 있다(이상원·강재원·김선미, 2018). '공공서비스방송법'과 '유료방송서비스사업법'으로 분리하는 입법은 미디어 서비스와 산업을 공공성과 산업성의 정도에 따라 법체계를 개선하고 유료방송에 대한 차별적 규제의 문제를 해결한다는 측면에서 의미가 있다(이상원·강재원·김선미, 2018).

두 번째 단계는 실제로 수평적 규제체계를 도입하는 것이다. 첫 번째 단계에서 '공공서비스방송법'과 '유료방송사업법'으로의 분리 입법을 시행해서 수평적 규제체계가 사회적 합의에 도달할 경우 이미 '공공서비스방송법'으로 규율되고 있는 지상파방송 서비스를 제외한 다른 서비스에 대해 수평적 규제체계를 도입하는 단계이다. 수평적 규제체계를 실제로 도입할 때에는 앞에서 설명한 수평적 규제체계 A안(2계층 구분 방식)을 선택할 수 있을 것이다.[13]

수평적 규제체계를 실제로 도입하는 방안을 추진하기 위해서는 〈그림 4-1〉에서 제시한 것처럼 수평적 규제체계를 위한 분류체계가 이용될 수 있다. 따라서 수평적 규제체계가 적용되면 동일서비스 동일규제 원칙에 따라 기존의 유료방송 서비스에 대한 대체성이 있는 경우 동일하게 '등록'을 통해 시장에 진입하게 된다. 시장 진입 규제가 없는 것은 아니지만 시장 진입 규제 요건이 현재보다는 완화되는 것이다. 즉, 유료방송에 적용되던 진입 규제를 완화한 후 동영상 OTT 서비스 중 대체성이 검증된 서비스는 '유료방송사업법'에 따라 완화된 규제하에 기존 유료방송과 동일하게 규제함으로써 동일서비스 동일규제의 원칙을 적용할 필요가 있다.

이와 함께 콘텐츠계층에 속하는 동영상 OTT 서비스는 시청각미디어서비스에 속하게 되어 '시청각미디어서비스법'에 의해 주로 사회문화적 규제를 받는다. 아울러 시청각미디어서비스에 속하지 않

---

13 물론 사회적 합의에 도달할 수 있다는 것을 전제로 이미 설명한 수평적 규제체계 C안도 고려될 수 있다.

는 OTT 서비스는 수평적 규제체계에 따라 '정보사회서비스'에 속하게 된다. 이에 따라 동영상 OTT 서비스가 수평적 규제체계의 적용을 받으면 경제적 규제는 최소한의 규제를 받고 이용자 보호 등을 위해 일부 사회문화적 내용규제는 현재보다 더 강화될 가능성이 높다.

혁신성장을 위한 동영상 OTT 산업 활성화와 유료방송 규제 완화

동영상 OTT 산업을 위해 정부가 해야 하는 역할은 동영상 OTT 서비스에 대해 공정한 규제를 담당하는 것으로만 한정되지 않는다. 동영상 OTT 산업을 활성화하는 것도 정부의 중요한 역할 중 하나이다. 동영상 OTT 산업이 미디어 산업 혁신성장의 중심이기 때문이다.

동영상 OTT 산업은 기존의 미디어 산업에서 중요한 요소인 유료방송 플랫폼사업과 방송채널사용사업과도 밀접하게 연결되어 있으므로, 동영상 OTT 산업의 활성화는 기존 미디어 산업의 구성요소들과 함께 고려되어야 한다. 이런 관점에서 볼 때 동영상 OTT 산업에 대한 진흥과 규제는 더 넓은 관점에서 기존 유료방송산업에 대한 진흥 및 규제와 함께 고려되어야 한다. 따라서 동영상 OTT 산업을 활성화하기 위해서는 기존 유료방송산업의 활성화와 전반적인 규제 수준 완화도 검토할 필요가 있다. 현재 유료방송산업을 활성화하기 위해서는 다음과 같은 점을 고려해야 한다.

첫째, 유료방송시장에서의 사업권역의 조정 및 개편을 통해 투자를 독려하고 경쟁을 활성화하며 규모의 경제를 추구해야 한다. 유료방송시장에서 지역성localism을 중요한 정책목표로 고려하는 것은 미디어 산업의 균형발전과 미디어 이용자를 위해 중요하고도 필요하지만, 전반적인 유료방송시장의 진화·발전 및 효율성을 위해서는 사업권역이 현재보다 합리적으로 조정되어 규모의 경제를 추구하는 방향에서 재검토되어야 한다.

둘째, 유료방송사업자의 자율적 경영활동을 제약하는 규제를 최소화함으로써 유료방송시장에서의 서비스 차별화를 위한 시장 여건을 조성해야 한다(이상원, 2018d). 기술혁신, 콘텐츠 차별화, 창의적인 이종기술, 이종산업 간 융합서비스 등을 통해 유료방송시장의 경쟁을 유도하고 촉진하는 정책이 필요하다.

셋째, 기존의 유료방송 서비스의 규제 수준을 전반적으로 완화해야 한다. 앞서 언급된 바와 같이 수평적 규제체계를 도입해 유료방송, 기간통신사업 등에 대해 시장에 진입할 수 있는 요건을 등록으로 바꿈으로써 시장 진입을 현재보다 더 자유롭게 하고 전송계층의 사업자들이 동일서비스 동일규제를 받을 수 있도록 해야 한다. 또한 기존 유료방송 플랫폼 간에 차별적 규제가 존재하는 경우에도 규제를 강화하는 방식보다는 규제를 완화하는 방식으로 조정해 균형을 맞추는 것이 좋다. 이와 함께 글로벌 동영상 OTT 사업자와 경쟁하기 위해서는 실시간 유료방송 서비스와 국내 콘텐츠의 경쟁력이 중요하다는 사실을 고려해 현행방송법상 실효성이 없는 일부 편성규제, 매출액 점유율 규제, 가격규제 등은 수평적 규제체계 도입과 함께 재검토하거나 완화할 필요가 있다(이상우, 2017).

동영상 OTT 콘텐츠의 경쟁력 강화 및 OTT를 통한 한류 확산 진흥정책

탈추격형 융합혁신 성장을 위해서는 동영상 OTT 콘텐츠 경쟁력을 강화하는 한편 한류 OTT 플랫폼을 통해 한류를 확산하는 진흥정책도 실시해야 한다. 이러한 정책목표를 달성하기 위해서는 다음과 같은 몇 가지 정책이 고려될 필요가 있다.

첫째, 기존의 영상콘텐츠산업을 활성화하기 위한 제도적 지원을 확대해야 한다. 영상콘텐츠산업을 활성화하기 위해서는 창의적이며 시장 잠재력은 있지만 시장에서 투자가 부족한 콘텐츠에 대해 세제 혜택 등 간접적인 지원을 확대하고 성장 가능성이 큰 스타트업 및 신진 창작자들에 대한 콘텐츠 제작 지원을 확대해야 한다.

둘째, 다양한 동종 및 이종 콘텐츠 간 융합을 촉진하고 지원하는 정책을 검토해야 한다. 이미 언급한 바와 같이 '탈추격형 융합혁신 성장'을 위해서는 다양한 동종 및 이종 콘텐츠 간 융합을 위한 실험적 전략이 필요하며, 정부는 이와 같은 창의적인 융합전략을 유도하고 뒷받침하는 R&D 정책을 추진해야 한다. 특히 동영상 OTT와 디지털 트랜스포메이션 주도 기술인 AI, 빅데이터, IoT, VR 등을 다양하면서도 창의적으로 융합·연계하거나 활용을 촉진하고, 다른 인접 콘텐츠 산업 분야와의 융합 및 연계 강화를 통해 콘텐츠의 창의성을 제고함으로써 경쟁력을 확보하는 한편 콘텐츠의 다양성도 확대해 나가야 한다.

셋째, 이와 같은 국내 콘텐츠의 경쟁력을 바탕으로 국내 동영상 OTT 사업자의 해외 진출을 장려하고 한류 콘텐츠의 해외 진출을 외교적으로도 계속 지원하는 한류 콘텐츠 진흥정책을 지속적으로 강화해야 한다. 동영상 OTT 플랫폼을 통한 한류 콘텐츠의 해외 진출을 유지·확대하기 위해서는 콘텐츠의 유통망 다변화, 한류 OTT 유통망 구축 및 확대, 각국의 규제에 대한 합리적인 대응을 통한 해외시장 진입, 현지화 전략 지원을 위한 통상외교 전략과의 연계, 주요국의 법제도 및 규제 등 진입장벽을 해소하기 위한 전략적 지원 등이 매우 중요하다(방송통신위원회, 2014). 이러한 정책과 전략을 실행하기 위해서는 동영상 OTT 플랫폼을 통한 한류 확산 정책과 전략을 현재보다 더 장기적이면서도 종합적인 관점에서 설정하고 집행해야 한다.

기타 정책과제

앞에서 언급한 여러 정책과제 외에 동영상 OTT 서비스에 관한 몇 가지 추가적 정책이슈가 있다. 예를 들어 글로벌 OTT 사업자가 이용자 보호조치를 소홀히 해서 국내 이용자가 피해를 입을 경우 국내 이용자를 실효성 있게 보호하고 법집행할 수 있는 방법에 대한 문제도 대두되고 있다. 이와 같은 이용자 보호문제에 대해서는 방송통신위원회의 이용자 보호조치 미이행 시 약관 변경, 금지행위 중지, 이용자 신규모집 금지 등의 실효성 있는 집행이 필요할 것이다(정보통신정책연구원, 2015).

또한 글로벌 OTT 사업자의 망 이용 대가와 관련한 기준 문제도 지속적으로 정책문제로 제기되고 있다. 망 이용 대가 문제의 경우 국내 OTT 사업자들은 망 이용 대가를 지불하고 있으나 해외 OTT 사업자들은 망 이용 대가를 충분히 지불하지 않고 있어서 생긴 정책문제이다. 이러한 정책이슈에 대해서는 국내 동영상 생태계의 상생과 발전을 위해 글로벌 OTT 사업자에게 국내 사업자와 차별 없는 망 이용 대가를 부과하는 제도를 장기적인 관점에서 논의하고 도입해야 한다. 하지만 이와 같은 제도 개선 노력과 함께 현실적인 국제협력도 절실한 상황이다.

동영상 OTT 산업의 미래를 위한 제언

디지털 트랜스포메이션은 디지털 기술의 이용 확산이 개인, 조직 및 사회에 초래한 총체적인 영향으로 정의할 수 있다. 동영상 OTT 서비스는 이러한 디지털 트랜스포메이션 현상이 가장 잘 투영된 미디어 서비스 중 하나이다. 현재까지 동영상 OTT 서비스의 유형은 광고형, 거래형, 가입형, 혼합형으로 대략적으로 나눌 수 있었지만, 시간이 흐름에 따라 동영상 OTT 사업자들은 비즈니스 모델의 다양성을 추구하고 있다. 향후 동영상 OTT 서비스는 이러한 다양한 유형을 동시에 혼합하는 하이브리드 비즈니스 모델에 기반하면서 서비스 차별화를 고도화하는 방향으로 진화할 가능성이 높다.

동영상 OTT 서비스의 진화 및 시장 성장과 함께 주요 글로벌 동영상 OTT 사업자인 넷플릭스, 유튜브, 아마존, 디즈니 등의 시장 성과는 점차 커지고 있으며 그 영향력도 나라별로 계속 증대되고 있다. 국내에서도 다수의 대규모 글로벌 동영상 OTT 서비스 사업자가 2020년 이후 국내 시장에 진출할 것임을 예고하고 있다.

소용돌이의 장과 같은 경쟁환경에서 국내 동영상 OTT 사업자들은 글로벌 사업자와 어떻게 경쟁하고 대응해야 하며, 어떤 전략을 활용해야 하는가? 이러한 시장 변화와 동영상 OTT 서비스 이용 확산이 가져올 다양한 사회문제에 정부는 어떻게 대응해야 하는가? 이 책에서는 이러한 질문에 답하기 위해 동영상 OTT 기업의 전략과 정부 정책 측면에서 다음과 같이 시장을 전망하고 몇 가지 제언을 하고자 한다.

글로벌 동영상 OTT 사업자들이 국내 시장에 진출한 후 약 4~5년 동안은 시장경쟁이 심화됨에 따라 국내 동영상 OTT 시장에 진출하려는 대규모 글로벌 동영상 OTT 사업자들과 국내 동영상 OTT 사업자들이 모두 성공적이기는 어려울 것으로 판단된다. 국내 동영상 OTT 시장이 미국 동영상 OTT 시장과 같이 큰 규모는 아니기 때문이다. 향후 주요 글로벌 동영상 OTT 사업자들과 국내 동영상 OTT 사업자들이 오리지널 콘텐츠 전략을 통한 독점적인 콘텐츠 공급을 추구한다면 각 동영상 OTT 서비스의 차별화 수준은 이전보다 고도화될 것으로 보이며, 동영상 OTT 서비스 이용자에게 더 다양한 콘텐츠를 선택하고 즐길 수 있는 미디어 환경이 조성될 것이다. 반면 시장경쟁을 위한 독점적 콘텐츠 공급의 증가로 하나의 동영상 OTT 플랫폼에서 이용자가 원하는 모든 콘텐츠를 이용하기는 어려워질 가능성이 크다. 따라서 동영상 OTT 시장의 계속적인 성장에 따라 복수의 동영상 OTT 플랫폼에 가입하고 요금을 지불하는 이용자의 수도 증가할 것이다. 그러나 대부분의 이용자들에게는 향후 5년 이내에 3개 이상의 가입형 동영상 OTT 서비스를 동시에 이용하는 것이 적지 않은 부담이 될 것이다. 따라서 동영상 OTT 시장은 어느 정도 범위에서 성장할 수 있겠지만, 현재로서는 국내 및 글로벌 사업자를 포함해 국내 시장에서는 가입형의 경우 2~4개의 동영상 OTT 서비스가 시장에서 강세를 보이고 그 외의 3~5개의 서비스는 여전히 어느 정도 범위에서만 주요 위치를 차지하는 다극화 체제가 될 가능성이 높다.

특히 글로벌 동영상 OTT 사업자 중 디즈니는 독점적인 인기 콘텐츠를 다수 보유하고 있고, 결합상품도 제공할 수 있으며, 국내 유료방송사업자와 다양한 형태의 전략적 제휴도 할 것으로 예상되므로 장기적으로 볼 때 넷플릭스를 앞설 수 있는 경쟁력을 충분히 지니고 있다고 판단된다.

구조적인 측면에서 보면 국내 미디어 사업자와 글로벌 동영상 OTT 사업자 간 전략적 제휴는 당분간 추가적으로 이루어질 것이다. 글로벌 사업자들에게는 시장에서 경쟁하기 위해 국내제작 콘텐츠가 필요하고, 국내 콘텐츠 사업자들에게는 콘텐츠를 유통할 수 있는 글로벌 동영상 OTT 플랫폼이 필요하기 때문이다. 특히 2020년 디즈니 플러스가 국내에서 출시될 경우 디즈니와 일부 국내 미디어 사업자 간의 전략적 제휴는 동영상 OTT 시장의 경쟁 구도에 상당한 영향을 미칠 것으로 판단된다. 따라서 국내 미디어 사업자가 출시하는 동영상 OTT 플랫폼은 한편으로는 국내제작 콘텐츠를 통해 글로벌 사업자의 콘텐츠와 경쟁하면서도 다른 한편으로는 국내 사업자 간 전략적 제휴 또는 글로벌 사업자와의 전략적 제휴를 통해 협력하게 될 가능성이 크다.

이러한 시장 상황에서 우수한 국내 콘텐츠 제작능력을 보유한 국내 미디어 사업자 및 유료방송 이용자 기반과 재정적 자원을 보유한 주요 통신사업자는 글로벌 사업자와 경쟁과 협력관계를 유지하면서 시장 경쟁력을 유지할 가능성이 크다.

또한 고품질의 OTT 콘텐츠를 공급하기 위한 콘텐츠 확보 경쟁이 더욱 심화됨에 따라 콘텐츠 제작 수요는 증가될 것이며, 콘텐츠 생산요소 시장에서 콘텐츠 제작비용은 크게 상승할 것이다. 콘텐츠 투자비용의 계속적인 증가는 특히 다수의 오리지널 콘텐츠를 제작하는 가입형 동영상 OTT 사업자들에게 큰 부담이 될 것이며, 결국 가입형과 광고형을 다양한 방식으로 융합하는 사업자가 늘어날 전망이다.

이와 같은 복잡한 경쟁환경에서 국내 미디어 사업들은 다음과 같은 몇 가지 경쟁전략을 추구해야 한다.

첫째, 국내 미디어 사업자들은 국내 동영상 OTT 서비스 이용자들이 국내 콘텐츠를 선호하는 현상을 이용해야 한다. 즉, 오리지널 콘텐츠 전략 및 글로벌 사업자들이 제공하기 어려운 국내 실시간 방송콘텐츠 제공 등의 차별화 전략을 적극적으로 이용해야 한다. 아울러 콘텐츠 유형에서도 짧은 시간에 부담 없이 즐길 수 있게끔 OTT에 최적화된 '스낵컬처형 콘텐츠'를 제공하는 전략을 모색해 볼 수 있다.

둘째, 국내 미디어 사업자들은 아마존의 비디오 다이렉트 사례와 같이 기존의 가입형 동영상 OTT 서비스를 MCN과 방송영상독립제

작사가 동영상 OTT 플랫폼에서 광고를 통해 이윤을 내는 모델과
융합하는 등 창의적인 하이브리드 비즈니스 모델도 고려해 볼 수
있다.

셋째, 콘텐츠 규모의 경제를 확보하기 위해 국내 미디어 사업자
간의 더 큰 규모의 전략적 제휴 또는 국내 미디어 사업자와 글로벌
동영상 OTT 사업자 간의 추가적인 제휴를 모색할 수 있다.

넷째, 국내에서 콘텐츠 경쟁력을 지닌 미디어 사업자는 한류 콘
텐츠를 이용해 주로 동남아시아와 같은 한류 확산지역을 중심으로
글로벌 동영상 OTT 사업자에 대응해 지금보다 더 공격적으로 직접
경쟁을 모색할 필요가 있다. 넷플릭스의 사례에서와 같이 글로벌
시장으로의 진출은 콘텐츠 규모의 경제를 통해 국내 미디어 사업자
들에게 효율성을 가져다줄 것이다. 글로벌 시장으로 진출하기 위해
서는 한류 확산지역의 현지 방송·통신 사업자와 전략적 제휴를 모
색해야 하고, 현재 국내에서 이용하고 있는 비즈니스 모델보다 더
창의적인 방식으로 비즈니스 모델을 융합해야 하며, 콘텐츠를 현지
화하는 전략도 구사해야 한다. 또한 동영상 OTT 콘텐츠를 판매할
때에도 영화, 드라마 등 동영상 OTT 콘텐츠와 음악 및 게임 같은 기
타 한류 콘텐츠를 결합해 판매하는 이종 한류 콘텐츠 결합상품전략
을 구사할 수 있을 것이다.

정부는 디지털 트랜스포메이션 환경에서 '탈추격형 융합혁신 성
장전략'의 중심에 동영상 OTT 산업이 있음을 인지하고 미디어 산업
분야에서 다양하고도 창의적인 '이종기술 및 이종산업 간 융합혁신
전략'을 촉진해야 한다. 정부는 혁신적인 동영상 OTT 서비스를 통

해 '탈추격형 융합혁신 성장전략'을 추구하면서도 동영상 OTT 서비스로 인한 사회문제를 해결하고 합리적이고도 공정한 규제자로서의 역할을 담당해야 한다. 따라서 지금은 동영상 OTT 서비스에 대한 적절한 규제정책과 진흥정책을 공익의 관점에서 조합하려는 노력이 절실히 필요하다.

단기적인 관점에서는 국내에서 동영상 OTT 서비스에 대한 규제를 유보하는 정책을 고려할 필요가 있다. 단기적으로 국내 콘텐츠를 선호하는 국내 이용자의 경향이 크게 변하지 않는다면 국내 주요 동영상 OTT 사업자들은 국내 콘텐츠와 실시간 방송을 이용한 차별화 전략을 충분히 활용하면서 시장에서 경쟁해야 한다. 또한 국내 동영상 OTT 시장에서 동영상 OTT 서비스와 유료방송 서비스 간에 대체관계가 아직 형성되어 있지 않은 점도 규제 유보를 정당화할 수 있다. 현재 국내에서 논의되고 있는 동영상 OTT 서비스에 대한 규제안과 해외 규제 사례를 고려할 때 실시간 OTT 서비스를 제공하면 기존의 유료방송과 유사하게 규제를 받을 가능성이 크기 때문에 단기적으로는 규제를 유보할 필요가 있다.

그러나 장기적인 관점에서는 수평적 규제체계를 다음과 같이 두 단계에 걸쳐 도입하는 전략을 모색해야 한다. 첫 번째 단계는 수평적 규제체계를 도입하기 이전의 단계로서, 기존의 수직적 규제체계 내에서 방송의 특성과 동영상 OTT의 진화 등을 고려해 방송사업을 구분해 분리 입법하는 것이다. 분리 입법 단계에서는 기존의 방송법 중 지상파방송 부분을 발췌해서 '공공서비스방송법'으로 분리하고, 기존의 방송법에 남아 있는 유료방송 관련 조항과 '인터넷멀티

미디어방송사업법'을 통합한 방송법을 '유료방송서비스사업법'으로 제정해 동일서비스 동일규제를 적용할 수 있다.

두 번째 단계는 실제로 수평적 규제체계를 도입하는 단계로서, 지상파방송 서비스를 제외한 상태에서 수평적 규제체계를 도입하는 것이다. 실제로 수평적 규제체계를 도입하기 위해서는 이미 EU가 도입한 2계층 구분 방식을 우선적으로 고려할 수 있다.

이와 같은 장기적인 수평적 규제체계의 도입과 함께 정부는 동영상 OTT 산업을 활성화하기 위해 유료방송산업의 다양한 규제 완화 대안을 모색하고 동영상 OTT 콘텐츠의 경쟁력을 제고하면서 OTT 플랫폼을 통해 한류를 확산하는 진흥정책도 추진해야 한다.

국내 동영상 OTT 사업자들의 창의적인 경쟁전략은 동영상 OTT 시장에서 새로운 가치혁신을 가능하게 할 것이며, 정부의 적절한 규제정책과 진흥정책의 조합은 국내 동영상 OTT 산업의 시장 성장, 이용자 편익 증대, 이용자 보호를 동시에 도모할 수 있을 것이다.

참고문헌

프롤로그

교육부. 2019. 『2019 초중등 진로교육 현황조사』. 서울: 한국직업능력개발원.

PwC. 2019. *Global entertainment and media Outlook: 2019-2023*.

제1장. 디지털 트랜스포메이션 현상과 동영상 OTT 서비스

교육부. 2018. 『2018 초중등 진로교육 현황조사』. 서울: 한국직업능력개발원.

_____. 2019. 『2019 초중등 진로교육 현황조사』. 서울: 한국직업능력개발원.

김금란. 2019. "내 꿈은 유튜브 크리에이터, 꿈을 이루기 위해서는 콘텐츠 인벤터!". ≪중부매일≫. http://www.jbnews.com/news/articleView.html?idxno=1260942.

김상배. 2016. "4차 산업혁명, 세계정치 변환, 한국 미래전략". 국제정치학회 학술대회 발표문, 1-17.

박현철. 2018. "'태어나 '말보다 먼저 배운' 유튜브, 우린 갓튜브 제국에 산다". ≪한겨레≫. http://www.hani.co.kr/arti/society/society_general/858146.html.

서기만. 2011. 「OTT 서비스의 이해와 전망」. ≪방송공학회지≫, 16권 1호, 91-101.

송용택. 2016. 「BEREC의 OTT 서비스 분류체계 및 규제이슈 검토 동향」. 정보통신정책연구원, ≪동향≫, 28권 4호, 22-32.

이광석. 2017. 「4차산업혁명과 시민 테크롤로지적 전망」. 『4차산업혁명이라는 거짓말』. 서울: 북바이북.

이상원. 2017. 「디지털 트랜스포메이션 사회와 새 정부의 산업정책 방향」. ≪언론정보연구≫, 54권 4호, 35-66.

이상원·강재원·김선미. 2018. 「OTT 제도화와 수평적 규제체계 도입전략」. ≪사회과학연구≫, 25권 4호, 247-268.

BEREC(Body of European Regulators for Electronic Commerce). 2016. "Report on OTT services." Riga: BEREC.

Collin, J. 2015. "Digitalization and dualistic IT." J. Collin, K. Hiekkanen, J. Korhonen, M. Halén, T. Itälä, M. Helenius(Eds.). *IT Leadership in Transition-The Impact of Digitalization on Finnish Organizations*. Aalto University, Helsinki.

Fitzgerald, M., Kruschwitz, N., Bonnet, D. and Welch, M. 2013. "Embracing digital technology: A new strategic imperative." MIT Sloan Management Review, Research Report.

IBM. 2011. "Digital transformation Creating new business models where digital meets physical."

IDC. 2015. "Digital Transformation(DX): An opportunity and an imperative."

Khan, S. 2016. "Leadership in the digital age - A study on the effects of digitalisation on top management leadership." Stockholm Business School. Master Thesis.

Martin, A. 2008. "Digital literacy and the "digital society."" C. Lankshear and M. Knobel(Eds.). *Digital Literacies*. Peter Lang, New York.

Reis, J., Amorim, M., Melão, N. and Matos, P. 2018. "Digital transformation: A literature review and guidelines for future research." A. Rocha, H. Adeli, L. P. Reis and S. Constanzo(Eds.). *Trends and Advances in Information Systems and Technologies*. pp.411~421. Springer, Cham.

Schwab, K. 2016. *The Fourth Industrial Revolution*. Penguin Random House, New York.

Westerman G., Calméjane, C., Bonnet, D., Ferraris, P. and McAfee, A. 2011. "Digital Transformation: A Roadmap for Billion-Dollar Organizations, MIT Sloan Management, MIT Center for Digital Business and Capgemini Consulting." pp.1~68.

제2장. 동영상 OTT 서비스 시장의 성장과 변화

과학기술정보통신부. 2018. 「무선데이터 트래픽 통계」.

김재철. 2014. 『한국의 미디어 법제와 정책해설』. 서울: 커뮤니케이션북스.

메조미디어. 2018. 『2018년 상반기 업종분석 리포트』. 서울: 메조미디어.

미래에셋대우 리서치센터. 2017. 『동영상 콘텐츠 전성시대』. 서울: 미래에셋대우.

박소라. 2006. 「방송 시장 개방에 따른 미디어 상품의 국가 간 흐름 모델과 자국 문화 보호: 상대적 시장 규모와 문화적 할인 개념을 중심으로」. ≪사이버 커뮤니케이션학보≫, 18호, 113~151쪽.

박소정. 2019. "2019년 광고 시장, 온라인 비중 43% 전망". ≪뉴데일리경제≫. http://biz.newdaily.co.kr/site/data/html/2019/03/07/2019030700158.html.

박지성. 2019. "과기정통부, 내년 부가통신사 시범 실태조사". ≪전자신문≫. http://

www.etnews.com/20190915000111.

방송통신위원회. 2016. 『2016년도 방송시장 경쟁상황 평가』. 방송통신위원회.

_____. 2017. 『2017년도 방송시장 경쟁상황 평가』. 방송통신위원회.

_____. 2018a. 『2018 방송매체 이용행태 조사』. 방송통신위원회.

_____. 2018b. 『2018년도 방송시장 경쟁상황 평가』. 방송통신위원회.

와이즈앱. 2019. 「스마트폰 이용자 세대별 이용 현황」.

이상원. 2017. 「디지털 트랜스포메이션 사회와 새 정부의 산업정책 방향」. ≪언론정보
연구≫, 54권 4호, 35~66쪽.

_____. 2019. 「미국 유료 동영상 OTT 시장 경쟁상황 변화와 전망」. 한국방송통신전
파진흥원. ≪미디어 이슈와 트랜드≫, 전문가 리포트 02.

이상원·강재원·김선미. 2018. 「OTT 제도화와 수평적 규제체계 도입전략」. ≪사회과
학연구≫, 25권 4호, 247~268쪽.

이화정. 2018. 「좋은 파도가 온다」. NH투자증권, 1-20.

이희정. 2015. 「인터넷상 부가서비스 규제에 대한 일고」. ≪경제규제와 법≫, 8권 1호,
146~168쪽.

장하준. 2014. 『장하준의 경제학 강의』. 서울: 부키.

정보통신정책연구원. 2018. 「주요 OTT 서비스의 영상 콘텐츠 제공 현황 및 모니터링
정례화의 필요성」. ≪KISDI Premium Report≫, 18-07.

_____. 2019. 「국내 주요 OTT 서비스의 동영상 콘텐츠 제공 및 이용현황 분석」.
≪KISDI Premium Report≫, 19-01.

주혜민·이상원. 2019. 「가입자형 VOD와 유료 광고형 VOD 이용의도에 영향을 미치는
요인에 관한 연구」. ≪정보사회와 미디어≫, 20권 3호, 57~91쪽.

최선영·고은지. 2018. 「공영방송 콘텐츠 소비 현황과 전망」. ≪넷플릭스 미디어 구조
와 이용자 경험≫, 30권 1호, 7~42쪽.

한국방송통신전파진흥원. 2014. 「미 유료방송시자의 핵심 현안, 코드 쉐이빙의 영향」.
≪동향과 전망≫, 81호.

_____. 2017. 「OTT 산업의 주요 사업자 비즈니스 동향 및 '소비-생산/유통-정책' 환
경 분석」. ≪미디어 이슈와 트랜드≫, 심층리포트 01.

한국콘텐츠진흥원. 2017. 「인간, 콘텐츠 그리고 4차 산업혁명: 변화와 대응」. ≪KOCCA
포커스 17-03호≫.

황성연. 2017. 「공영방송 콘텐츠 소비 현황과 전망」. ≪방송문화연구≫, 29권 2호,
53~78쪽.

황유선. 2018. 「글로벌 OTT 사업자의 국내 진입에 따른 미디어 생태계 영향」. ≪KISDI

Premium Report≫, 18-08.

KT경제경영연구소. 2017. 『한국형 4차산업혁명의 미래』. 서울: 한스미디어.

Back, H. 2019. "Netflix will have twice as many US subscribers as cable within 5 Years." https://www.killthecablebill.com/netflix-2x-us-subscribers-as-cable/.

Business Insider. 2018. "YouTube is developing international originals." https://www.businessinsider.com/7-31-2018-youtube-developing-international-originals-2018-7.

Chan-Olmsted, S. M. 2006. *Competitive strategy for media firms.* Lawrence Erlbaum Associates, Mahwah.

Cheung, C. W. 2016. *Global development trend of OTT video, and market outlook of SE-Asia.* Ovum.

Cisco. 2017. Cisco visual networking index.

DMR. 2018. "YouTube Statistics." https://expandedramblings.com/index.php/youtube-statistics/

_____. 2019. "Netflix Statistics." https://expandedramblings.com/index.php/netflix_statistics-facts/

Lee, R. S. and Wu, T. 2009. "Subsidizing creativity through network design: Zero-pricing and net neutrality." *Journal of Economic Perspectives*, 23(3), pp.61~76.

Noll, M .A. 2006. *Evolution of Media.* Rowman Littlefiled Publishers, Lanham.

OECD. 2019. OECD broadband statistics. https://www.oecd.org/sti/broadband/broadband-statistics/

OVUM. 2017. "2017: The year of peak triple-play in the US."

_____. 2018. "Global pay-TV and OTT video subscription 2014-2022."

PwC. 2019. *Global entertainment and media Outlook: 2019-2023.*

Schumpeter, J. 1942. *Capitalism, Socialism and Democracy.* Harper & Brothers, New York.

Statista. 2017. Statista statistics.

_____. 2019. Statista statistics.

Tornatzky, L. and Fleischer, M. 1990. *The process of technology innovation.* Lexington Books, Lexington.

강일용. 2016. "넷플릭스 추천시스템의 비밀". ≪IT 동아≫. https://it.donga.com/239 42.

곽규태. 2019. "OTT와 미디어 규제모델". ≪ICT 정책 지식 디베이트 시리즈2≫.

김경진. 2019. "CJ ENM, 넷플릭스와 손잡았다". ≪중앙일보≫. https://news.joins.com /article/23638939.

김문기. 2019. "넷플릭스, CJ ENM, JTBC, LGU+ 대연합?". ≪아이뉴스24≫, http:// inews24.com/view/1224696.

김익현. 2018. "AT&T "타임워너 인수 작업 완료." ≪ZDNet Korea≫. https://www. zdnet.co.kr/view/?no=20180615112409.

문성길. 2017. 『넷플릭스 하다』. 서울: 스리체어스.

미래에셋대우 리서치센터. 2017. 『동영상 콘텐츠 전성시대』. 서울: 미래에셋대우.

이상원. 2018a. 「디지털 트랜스포메이션 사회와 문화 콘텐츠 산업 융합혁신 전략」. ≪한류와 문화정책≫, 184~233쪽.

_____. 2018b. 「글로벌 OTT 사업자의 해외시장 진출: 국내외 시장 동향, 쟁점 및 전망」. '글로벌 OTT 사업자 비즈니스 전략 및 국내 시장 전망' 세미나 발제문.

_____. 2019. 「미국 유료 동영상 OTT 시장 경쟁상황 변화와 전망. 한국 전파진흥원」. ≪미디어 이슈와 트렌드≫, 전문가 리포트 02.

이정현. 2019. "애플, 음악·뉴스·TV서비스 한꺼번에 묶어 팔 것". ≪MSN 뉴스≫. https://www.msn.com/ko-kr/news

이준구. 2019. 『미시경제학』. 서울: 문우사.

조영신. 2014. 『넷플릭스의 빅데이터, 인문학적 상상력의 접점』. 정보통신정책연구원.

정보통신정책연구원. 2017a. 「주요국의 유료방송, 인터넷기반 영상 플랫폼 및 콘텐츠 동향 조사·분석」.

_____. 2017b. 「글로벌 OTT 자체 콘텐츠 제작 현황과 전망」. ≪동향≫, 제29권 18호.

_____. 2019a. 「국내 주요 OTT 서비스의 동영상 콘텐츠 제공 및 이용현황 분석」. ≪KISDI Premium Report≫, 19-01.

_____. 2019b. 「Disney+, Apple TV+ 진입 등에 따른 글로벌 OTT 시장 경쟁환경 및 사업전략 변화」. ≪KISDI Premium Report≫, 19-04.

최진홍. 2019. "웨이브, NBP, 카카오.. 거인과 싸워 이길 수 있을까?". ≪이코노믹리뷰≫, http://www.econovill.com/news/articleView.html?idxno=376404.

한국콘텐츠진흥원. 2015. 「방송영상 콘텐츠 유통 플랫폼 해외 사례 연구: OTT를 중심으로」. ≪KOCCA 15-22≫.

_____. 2017a. 「인간, 콘텐츠 그리고 4차 산업혁명: 변화와 대응」. ≪KOCCA 포커스 17-03호≫.

_____. 2017b. 「OTT 산업의 주요 사업자 비즈니스 동향 및 '소비-생산/유통-정책' 환경 분석」. ≪2017 KCA Media Issue & Trend≫.

Anand, B. 2016. *The Content Trap*. Penguin Random House, New York City.

Ampere Analysis. 2019. "2017: The UK VOD Market."

Chan-Olmsted, S. 2006. "Issues in strategic management." A. Albarran, S. Chan-Olmsted and M. Wirth(Eds.), *Handbook of Media*, Management & Economics. Mahwah: Lawrence Erlbaum Associates, pp.161~180.

Barney, J. B. 1991. "Firm resources and sustained competitive advantage." *Journal of Management*, 17(1), pp.99~120.

Barney, J. B. and Hesterly, W. S. 2012. *Strategic management and competitive advantage*. Pearson, Upper Saddle River.

eMarketer. 2018. Netflix users in western Europe by country. https://www.emarke ter.com/chart/221098/netflix-users-western-europe-by-country-2018-of-subsc ription-ott-video-service-users.

Gibbert, M. 2006. "Generalizing about uniqueness: An essay on an apparent paradox in the Resource-Based View." *Journal of Management Inquiry*, 15, pp.124~134.

Hitt, M., Ireland, R. and Hoskisson, R. 2001. *Strategic management: Competitiveness and globalization*, Cincinnati: South-Western College Publishing/Thomson Learning.

Hoskins, C., McFadyen, S. and Finn, A. 2004. *Media Economics: Applying Economics to New and Traditional Media*, Thousand Oaks: Sage Publications.

Kim, W. C. and Mauborgne, R. 2005. *Blue Ocean Strategy*. Harvard Business School Press, Cambridge.

_____. 2017. *Blue Ocean Shift: Beyond competing - proven steps to inspire confidence and seize new growth*. Macmillan, London.

Küng, L. 2008. *Strategic Management in the Media*. Sage, London.

Liu, F. and Chan-Olmsted, S. 2003. "Partnerships between the old and the new: Examining the strategic alliances between broadcast television networks and Internet firms in the context of convergence." *International Journal on Media Management*, 5(1), pp.47~56.

Miller, D. and Shamsie, J. 1996. "The resource-based view of the firm in two environments: The Hollywood film studios from 1936 to 1965." *Academy of Management Journal*, 39, pp.519~543.

Peteraf, M. A. 1993. "The cornerstones of competitive advantage: A resource-based view." *Strategic Management Journal*, 14, pp.179~190.

Pollard, W. E. 2005. "Blue ocean strategy's fatal flaw." *CMO Magazine*.

ProSiebenSat.1. 2019. "Press release." https://www.prosiebensat1.com/.

PwC. 2019. *Global entertainment and media Outlook: 2019-2023*.

Statista. 2018. Statista statistics.

_____. 2019. Statista statistics.

제4장. 동영상 OTT 서비스 산업정책 방향의 모색

강재원. 2009. 「융합시대, 공익 개념의 지형도, 그리고 공익의 재개념화」. ≪방송통신연구≫, 69, 9~41쪽.

과학기술정책연구원. 2006. 「탈추격형 기술혁신체제의 모색」. ≪정책연구≫, 2006-25, 1~530쪽.

대한민국 국회. 2019a. 방송법 전부개정법률안. 의안번호 18159.

_____. 2019b. 방송법 전부개정법률안. 의안번호 21707.

김희경. 2019. 「유럽 및 일본의 OTT 규제현황과 국내 관련 법 규제체계」. 한국방송학회 '글로벌 OTT 규제현황과 국내 관련 법 규제체계' 세미나 발제문.

도준호. 2019. 「글로벌 OTT 규제현황과 국내 관련 법 규제체계: 미국·영국 사례를 중심으로」. 한국방송학회 '글로벌 OTT 규제현황과 국내 관련 법 규제체계' 세미나 발제문.

박민성. 2013. 「미, Program Access Rule의 종료와 FCC의 콘텐츠 유통 규제 방안」. ≪방송통신정책≫, 제25권 2호, 26~37쪽.

박진형. 2019. "디즈니, 영국 스튜디오 장기 임대". ≪전자신문≫. https://m.etnews.com/20190909000212.

방송통신위원회. 2014. 「방송 한류 확산을 위한 글로벌 진출 방안 연구」. ≪방통융합정책연구 KCC-2014-5≫.

이근. 2014a. 『경제추격론의 재창조』. 서울: 오래.

_____. 2014b. 「한국의 국가혁신체제: 국제 비교와 추격형에서 선진국형으로의 전환」. 『한국형 시장경제체제』. 서울: 서울대학교출판문화원, 57~75쪽.

이상규. 2007. 「수평적 규제체계 도입을 위한 계층구분 방안」. ≪사이버커뮤니케이션

학보≫, 24, 313~344쪽.

이상우. 2017. 「방송의 공적 영역과 산업적 영역 어떻게 구분할 것인가?」. 한국미디어
　경영학회 정기학술대회 발제문.

이상원. 2017. 「디지털 트랜스포메이션 사회와 새 정부의 산업정책 방향」. ≪언론정보
　연구≫, 54권 4호, 35~66쪽.

＿＿＿. 2018a. 「차세대 미디어 OTT는 어떻게 성장하고 있는가?」. ≪대한민국 ICT의
　미래, 어떻게 준비할 것인가≫, 149~163쪽.

＿＿＿. 2018b. 「글로벌 OTT 사업자의 해외시장 진출: 국내외 시장 동향, 쟁점 및 전
　망」. '글로벌 OTT 사업자 비즈니스 전략 및 국내시장 전망' 세미나 발제문.

＿＿＿. 2018c. 「디지털 트랜스포메이션 사회와 문화 콘텐츠 산업 융합혁신 전략」. ≪한
　류와 문화정책≫, 184~233쪽.

＿＿＿. 2018d. 「OTT 서비스 활성화의 조건과 과제」. 한국방송통신전파진흥원 세미
　나 발제문.

이상원·강재원·김선미. 2018. 「OTT 제도화와 수평적 규제체계 도입전략」. ≪사회과
　학연구≫, 25권 4호, 247~268쪽.

이종원. 2019. 「미디어 환경변화 전망 및 중장기 정책방향성」. 정보통신정책연구원 '중
　장기 방송제도 개선 및 미래지향적 규제체계 개편 방안' 세미나 발제문.

장병희·강재원. 2015. 「국내 방송규제 정책에서 수평적 규제 패러다임 도입 관련 쟁점
　분석」. ≪사회과학연구≫, 22(4), 117~138쪽.

정두남·정인숙. 2017. 『방송 개념 재정의를 통한 규제체계 개선 방안 연구』. 한국방송
　광고공사.

정보통신정책연구원. 2015. 『인터넷 동영상 서비스에 대한 합리적 제도화 방안 연구』.

＿＿＿. 2018. 「유럽연합 시청각미디어서비스지침 2018.10. 개정안」. ≪해외방송조
　사자료≫, 1호.

정윤식. 2019. 「5G 시대 방송통신 성장전략 및 정책추진체계」. '5G 시대 방송통신산업
　의 미래전망과 정책방향' 세미나 발제문.

최세경. 2019. 「OTT 사업자 및 인터넷방송콘텐츠사업자의 법적 지위와 쟁점」. 대한민
　국 국회 '방송법제 개편과 OTT 정책 방향 세미나: 통합방송법안을 중심으로'.

최종희. 2019. "디지털세, 끝내 결렬되나?". ≪전자신문≫, http://m.etnews.com/.

한국콘텐츠진흥원. 2015. 「방송영상 콘텐츠 유통 플랫폼 해외 사례 연구: OTT를 중심
　으로」. ≪KOCCA 15-22≫.

황용석·권오성. 2017. 「가짜뉴스의 개념화와 규제수단에 관한 연구」. ≪언론과 법≫,
　16(1), 53~101쪽.

황준호·김태오. 2016. 「EU 시청각미디어서비스 지침 개정안의 주요 내용 및 시사점」.
≪KISDI Premium Report≫, 16-08.

황준호. 2019. 「OTT 미래정책 방향 및 미래지향적 규제체계 정비방안」. 정보통신정책
연구원 '중장기 방송제도 개선 및 미래지향적 규제체계 개편 방안' 세미나 발제문.

홍종윤. 2019. 「미래지향적 OTT 정책 방향의 모색」. 한국방송학회 '방송미디어 산업
의 혁신과 공정경쟁 촉진을 위한 바람직한 OTT 정책 방향' 세미나 발제문.

BEREC(Body of European Regulators for Electronic Commerce). 2016. "Report on
OTT services." Riga: BEREC.

Ofcom. 2009. "The regulation of video-on-demand: Consumer views on what
makes audiovisual services 'TV-like'."

지은이

이상원

경희대학교 미디어학과 교수. 연세대학교 행정학과를 졸업하고, 미국 조지워싱턴 대학교(George Washington University)에서 텔레커뮤니케이션 석사학위를, 미국 플로리다 대학교(University of Florida)에서 미디어경제학 전공으로 박사학위를 받았다. 현재 경희대학교 언론정보대학원장, 사이버커뮤니케이션학회 부회장, 정보통신정책학회 집행이사 및 KAIST 겸직교수를 맡고 있다.
미국 텍사스 대학교 오스틴캠퍼스(University of Texas at Austin) 풀브라이트(Fulbright) 초빙학자, 국제전기통신연합(ITU) 컨설턴트, 미국 센트럴 미시건 대학교(Central Michigan University) 조교수, 한국언론학회 총무이사 및 한국방송학회 ≪방송통신연구≫ 편집이사를 역임했으며, 미디어 및 ICT 관련 정책기구와 방송·통신·인터넷 사업자에게 자문을 제공해 왔다.
ICT 및 미디어 산업정책, 미디어 경제경영학 및 디지털 콘텐츠 산업과 관련된 다양한 연구 활동을 진행하고 있으며, *Information Economics and Policy, Technological Forecasting and Social Change, Telematics and Informatics, Journalism and Mass Communication Quarterly,* ≪정보통신정책연구≫ 등 다수의 국내외 학술지에 논문을 게재했다.

한울아카데미 2230

디지털 트랜스포메이션과 동영상 OTT 산업
전략과 정책 방향 모색

ⓒ 이상원, 2020

지은이 ┃ 이상원   펴낸이 ┃ 김종수
펴낸곳 ┃ 한울엠플러스(주)   편집 ┃ 신순남
초판 1쇄 인쇄 ┃ 2020년 5월 6일   초판 1쇄 발행 ┃ 2020년 5월 13일

주소 ┃ 10881 경기도 파주시 광인사길 153 한울시소빌딩 3층   전화 ┃ 031-955-0655
팩스 ┃ 031-955-0656   홈페이지 ┃ www.hanulmplus.kr   등록번호 ┃ 제406-2015-000143호

Printed in Korea.
ISBN 978-89-460-7230-5 93070

※ 책값은 겉표지에 표시되어 있습니다.

※ 이 저서는 MBC재단 방송문화진흥회의 지원을 받아 출간됨
※ 이 저서는 2017년 대한민국 교육부와 한국연구재단의 지원을 받아 수행된 연구임
(NRF-2017S1A5A8022844)